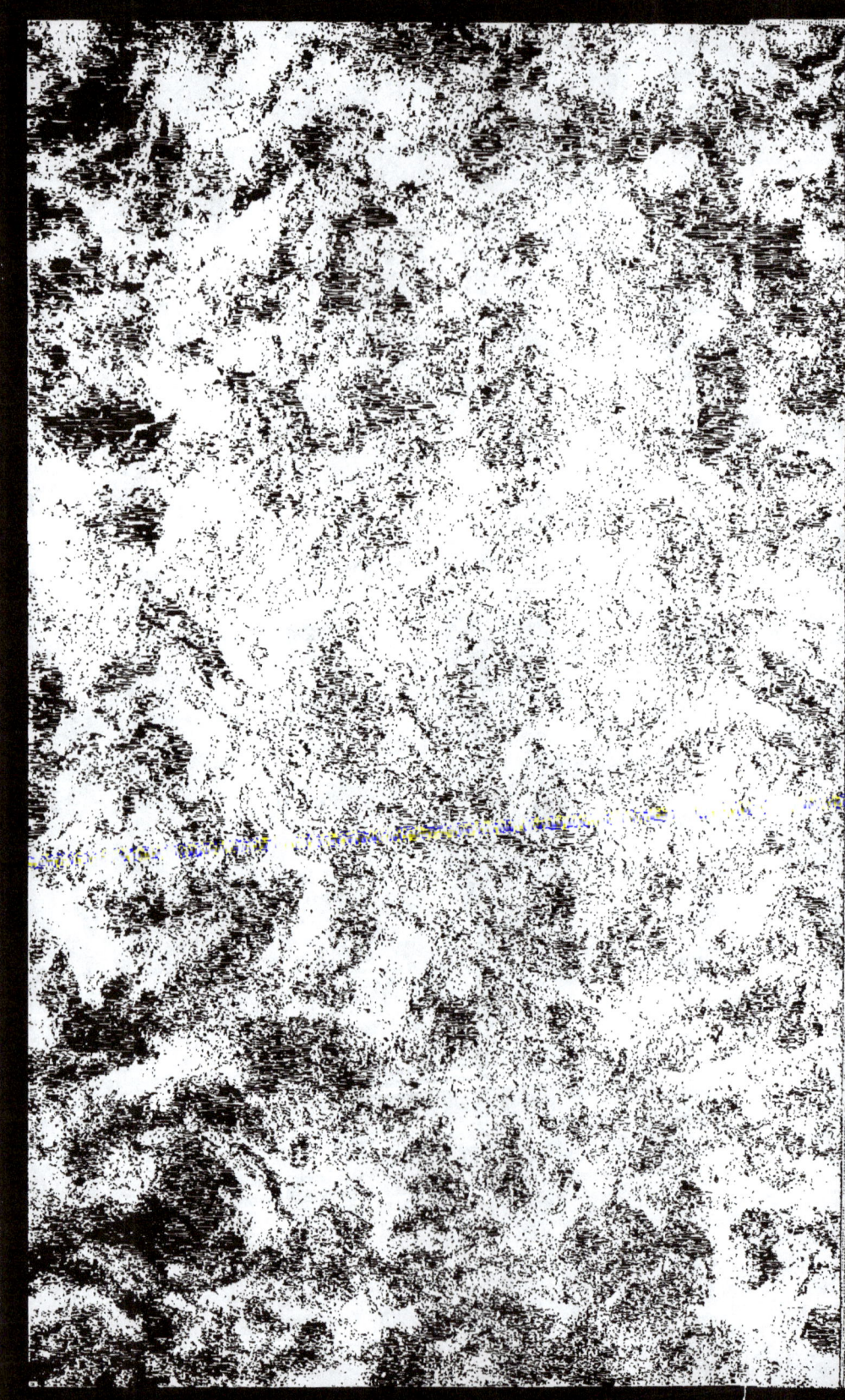

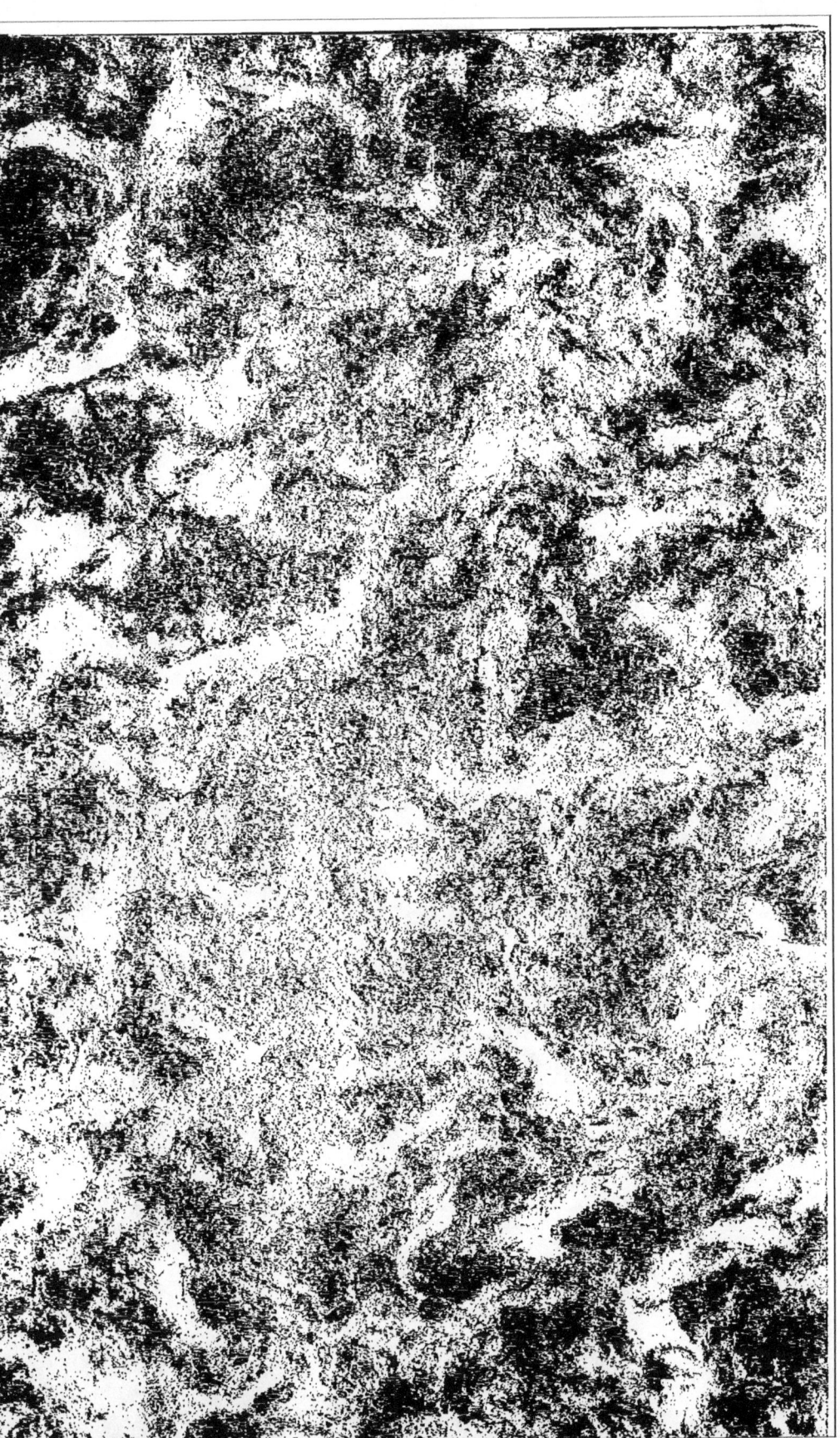

KNODERER 1981

TABLEAU

D'AVIGNON.

TABLEAU

D'AVIGNON,

Par Alphonse Rastoul.

AVIGNON,

RASTOUL, IMPRIMEUR-ÉDITEUR,

PLACE PUITS-DES-BOEUFS, 4 et 5.

1836.

Introduction.

—◈—

Voici un livre écrit sans prétention, à course de plume, sous la dictée des objets qui m'environnent, en présence des mœurs, des institutions, des usages que j'ai pu étudier dès mon enfance, et dont quelques années de voyage et d'absence m'ont mieux fait sentir les contrastes et les harmonies.

Ce livre, je le dédie à ma ville natale; puissent mes concitoyens reconnaître le portrait de notre mère commune ! Obtenir leur sanction, voilà ma plus douce récompense.

Ce n'est point une Histoire d'Avignon que j'ai voulu publier; il s'agit d'une œuvre beaucoup moins importante. C'est une mosaïque, une série de tableaux, de récits, de descriptions où je passe en revue nos traditions, nos monuments, nos légendes, nos fêtes, nos souvenirs, ce qui constitue nos titres dans le passé, nos richesses dans le présent, nos espérances dans l'avenir.

Je n'ai suivi ni un plan régulier, ni même l'ordre chronologique; j'ai erré au hasard, en véritable flaneur, à travers nos rues, notre histoire et nos mœurs, passant d'une tradition du moyen-âge à l'examen d'une physionomie contemporaine, du tombeau de la belle Laure à la légende du pont de St-Benezet.

Ai-je donné ainsi une reproduction fidèle de notre Avignon ? — Je n'ose le croire. Pourtant, j'ai cherché avant tout la vérité. Au moment de finir mon travail, de terminer ce volume, j'éprouve un vif regret, celui de m'être circonscrit dans un cadre aussi étroit : car il y avait matière à plusieurs volumes.

Mais en développant mon sujet, en le présentant sous toutes ses faces, je nuirais essentiellement à mon but. Je me suis proposé de faire un livre qui pût entrer dans l'atelier comme dans le salon, dans la grange comme dans le château, et avec une série de plusieurs volumes je le destinais seulement à quelques bibliothèques privilégiées.

J'ai donc borné mes esquisses ; plus tard, je les continuerai, mais sous une autre forme. Ainsi, dans mon roman biographique de *Pétrarque*, j'exhume les souvenirs d'Avignon au quatorzième siècle, à l'époque de sa plus grande splendeur.

Ainsi, dans la tradition du *Christ d'Ivoire*, j'évoque une partie du dix-septième siècle, âge moins brillant sans doute, car notre ville n'était plus la métropole du monde chrétien, mais âge pourtant digne d'intérêt.

D'autres sujets encore méritent d'être traités, et la mine est inépuisable ; mais je n'ose me promettre de les entreprendre ; il faut d'abord que la voix de mes concitoyens me dise : Courage et poursuis !

En attendant, je dépose ici l'expression de ma sincère reconnaissance pour le concours bienveillant de M. le Colonel Chantron, qui a prêté à mes faibles esquisses l'appui d'un crayon créateur. Je dois également des actions de grâces à M. Lacroix, qui a si bien reproduit sur la pierre lithographique le beau portrait du brave Crillon, dont s'honore notre musée.

Quant à l'Histoire d'Avignon, c'est une tâche immense qui reste encore à faire.

Plusieurs personnes se sont bien occupées de cette Histoire ; mais aucune ne réunissait les qualités qui constituent l'historien. Certes, ce n'est pas au bon Fantoni que nous accorderons ce titre. Bien qu'elle soit écrite en italien, cette volumineuse compilation serait adoptée par nos contrées, si elle offrait quelques recherches de critique et de philosophie. Mais le pays de l'auteur, son état (il était moine), enfin le siècle où il écrivait, tout s'est réuni pour frapper son ouvrage d'une empreinte de servilisme et de médiocrité. Au 17ᵉ siècle, l'Italie avait cessé d'être la patrie des grands hommes. Ils n'étaient plus ces jours où l'âpreté des guerres civiles inspirait le génie de Dante, de Machiavel, de Michel-Ange. Fantoni peut être consulté avec fruit ; son Histoire d'Avignon et du Comtat Venaissin n'est pas dépourvue de quelque intérêt, mais le défaut de plan, l'absence de vues philosophiques et politiques, enfin la crédulité avec laquelle cet auteur adopte les versions les plus extraordinaires ; ces divers motifs le rangent absolument dans la classe des chroniqueurs. Encore est-il loin d'offrir la vivacité de style, le charme pittoresque, qui animent les pages de nos vieilles chroniques françaises.

Depuis Fantoni, d'autres écrivains ont abordé le même sujet ; mais sans que rien justifiât leur mission.

D'ailleurs, la nouvelle école historique a opéré

une révolution qu'il faut suivre dans toutes ses conséquences sous peine de n'être pas lu.

Le sujet est donc à traiter, il est vierge. Vu de haut, considéré sous toutes ses faces, et exécuté par une plume habile, il peut faire la réputation de celui qui s'en occupera. Quant aux documents, ils ne manqueront point.

Outre les écrits déjà publiés sur notre Histoire, et où l'on pourrait trouver des renseignements utiles, il faudrait consulter les manuscrits, les collections inédites qui existent soit à Avignon, soit à Rome. Dans une Introduction rapide, on devrait d'abord jeter quelque jour sur les destinées d'Avignon sous la domination romaine. L'Histoire proprement dite ne s'ouvrirait qu'au moyen-âge, à une époque moins conjecturale. Comme les événements sont peu nombreux dans les annales d'un petit pays, l'essentiel serait de développer le tableau des mœurs, des usages, de retracer la physionomie des habitants.

De cette manière, on suivrait la marche de la population ; on étudierait le mélange des races Gauloise, Romaine, Franke, Mauresque, Italienne, on en reproduirait les nuances caractéristiques. Enfin l'on s'arrêterait à l'époque de la révolution française, pour ne pas éveiller de pénibles souvenirs. A cette époque, en effet, Avignon et le Comtat ont cessé d'avoir une Histoire ; ils ont été réunis à la France.

Dans la volumineuse collection des *Résumés historiques*, dont Paris nous inonda, il y a quelques années, Avignon et le Comtat Venaissin furent oubliés ; c'est peut-être un bonheur : car la plupart de ces Résumés, écrits sous l'influence du monopole parisien, ressemblent au lit de Procuste ; hommes et choses s'y trouvent étrangement mutilés.

J'aime à croire que l'accueil dévoué qu'a rencontré mon *Tableau d'Avignon*, fera passer chez d'autres écrivains la conviction que je nourris, au sujet de la sympathie que les départements réservent à toute œuvre de poésie, de littérature et d'art qui leur sera consacrée.

Voilà le meilleur moyen de détruire le préjugé récent qui fait de Paris la résidence forcée de tout écrivain, le centre obligé de toute entreprise intellectuelle. au sceptique niant le mouvement, comment répondait un homme de sens? Il marchait.

Que chaque localité exhume donc ses titres, relève ses vieux monuments, évoque ses glorieux souvenirs, ressuscite ses grands hommes. Dans notre France, est-il un seul hameau qui n'ait pas à raconter des faits intéressants ? Est-il une seule plaine qui n'ait pas été le théâtre de quelque combat célèbre ? Est-il enfin une vallée, un rocher, un donjon à demi ruiné, une basilique, toute noircie de l'empreinte des siècles, qui n'aient rien à dire au poète, au philosophe, à l'historien, à l'artiste ?

A mesure que s'efface, sous le niveau de la civilisation, le caractère distinctif de chaque province, il est nécessaire de protester contre cette uniformité qui tend à fondre toutes les nuances, à faire disparaître toutes les saillies. Une bonne Histoire générale n'est possible qu'à cette condition ; avant de saisir le type français, il faut d'abord peindre et modeler chaque physionomie provinciale ; alors s'élèvera le Panthéon national.

Obscur travailleur, j'apporte ma pierre, sur laquelle j'écris ces mots :

A MA VILLE NATALE,

A AVIGNON,

HOMMAGE FILIAL,

L'AUTEUR,
ALPHONSE RASTOUL.

PETIT ATLAS NATIONAL

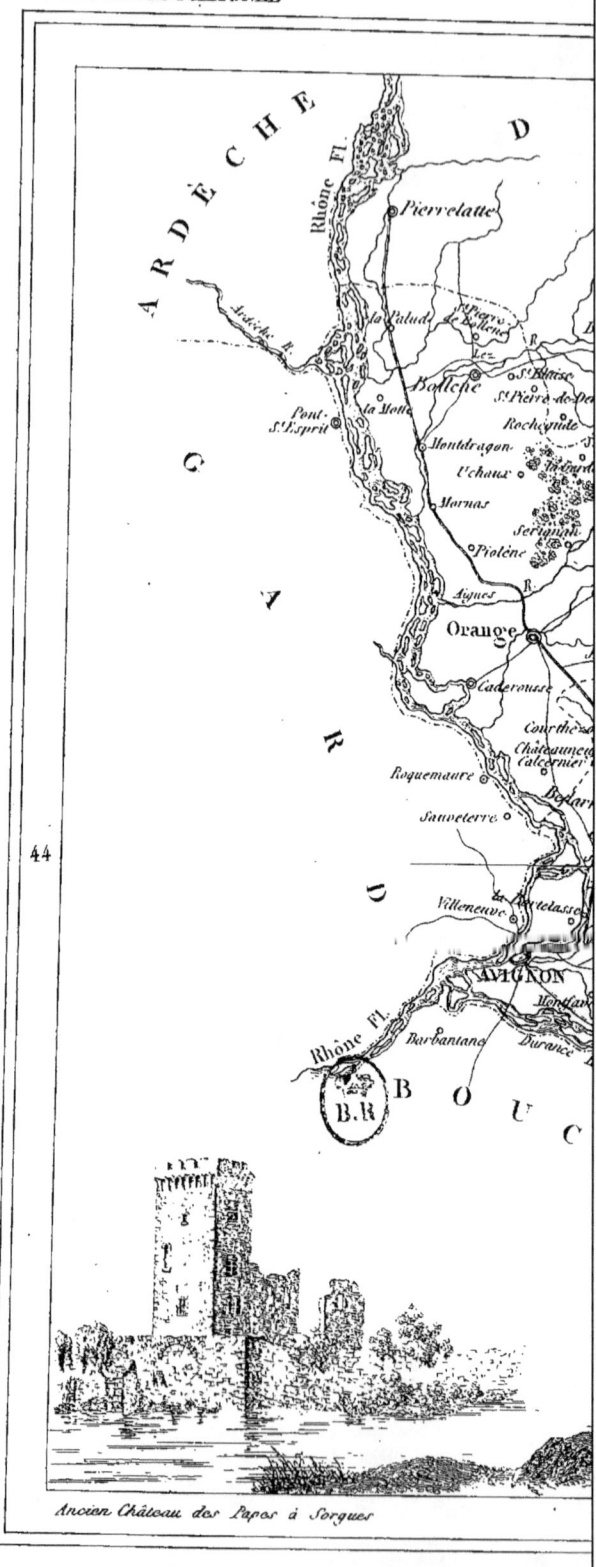

Ancien Château des Papes à Sorgues

VAUCLUSE

Quatre Arrondissemens Communaux.
AVIGNON.... 5 Cantons 21 Communes
Apt ....5........30....
Carpentras .5 ......29....
Orange ....7 ....30....
Distance de Paris au Chef-lieu 178 1/2

Statistique.

Superficie 338,984 Arpens Métriques 116 lieues
Population . . . . 233,048 Hab.ᵗˢ
Revenu territorial . . . . 13,614,000 Fr.ˢ
Productions. Maïs, millet, peu de blé, beaucoup de sarrazin et d'avoine, légumes secs, vins généralement médiocres dont une partie est convertie en eau-de-vie, tous les fruits du midi, olives, châtaignes, truffes, oignons, raiforts, graine jaune dit d'Avignon, anis vert, coriandre, gomme de cerisier, térébenthine, gaude, garance, lavande. Beaucoup de bêtes à laine, d'abeilles et de vers à soie ; cantharides, truites, aloses, esturgeons, lamproies. Fer, houille, jaspe, marbre, terre à porcelaine. Les productions industrielles consistent en soieries, toiles peintes, étoffes et couvertures de laine, toile, savon. Papeteries, fayenceries, cuivres battus et laminés. Foires à Avignon, 24 Février, 6 Mai, 14 Sept, 30 Nov. Apt, 12 Janvier, lundi de Quasimodo, 26 Juillet, 27 Sept. 13 Décemb. Carpentras 22 Sept. 27 Nov. Orange 3 Foires d'un jour.

AVIGNON.

Italie ! Italie ! s'écrie l'artiste, impatient de répéter avec le *lazzarone* : — *veder Napoli, poi morir.* — Que dites-vous de Naples ? répond cet infatigable *touriste* qui semble avoir pris à tâche de prouver que la vie est un voyage. Naples ! qu'est-ce auprès de Byzance, de la ville de Constantin, de Stamboul aux minarets dorés, se mirant dans les flots du Bosphore ?

— Oui, j'aime l'Orient, son ciel bleu, son large soleil, ses riches horizons; j'aime surtout ses femmes aux yeux noirs, ses hommes aux nonchalantes habitudes, aux énergiques passions, et ses harems, et leurs mystères, et leurs drames d'amour et de sang. Mais la poésie intime, la poésie de l'âme demande un autre climat. Oh! qui me transportera en Allemagne, sur cette terre d'enthousiasme, de rêverie, de méditation et de foi! Là, m'attendent, m'appellent les merveilles de l'Art au Moyen-Age : Nuremberg, dont les monuments s'harmonient si bien avec le caractère du christianisme et cette imposante nature du Nord. Flèches élancées vers le ciel comme pour y porter la prière, gracieuses colonnettes, hardies ogives, gerbes de fusées de granit, enlacées par le génie de l'architecte selon l'esprit de Dieu, vous avez des inspirations pour l'artiste, comme des enseignements pour le poète, et des révélations pour l'historien. Vite à Nuremberg!

Ainsi l'homme est fait. Il va bien loin chercher ce qui se trouve à ses côtés, ce qu'il touche presque de la main; il court s'extasier à l'aspect de la baie de Naples, du panorama de Constantinople, des vieux édifices de Nuremberg, et il oublie Avignon, Avignon, la ville italienne, la ville orientale, la ville du Moyen-Age!

Dans leur langage naïf, dans leur enthousiasme plus naïf encore, les Avignonnais avaient jadis consacré la beauté de leur cité natale par un dicton populaire que la tradition a conservé :

Quaou sé lèvou d'Avignoun
Sé lèvou de la résoun.

— Acte de folie dans l'abandon d'Avignon ! Un indifférent trouvera cet arrêt bien sévère ; il ne le concevra d'abord que par le sentiment filial qui l'a inspiré ; mais que cet indifférent arrive à Avignon par le déclin d'un beau jour d'été ; qu'il y arrive du Languedoc, en suivant lentement la pente des côteaux étagés de Villeneuve, il sera fortement tenté de dire : « le bonheur est ici ! »

En effet, quel imposant, quel magnifique tableau ! Aux pieds du voyageur, les deux bras du Rhône, qui, dans leur cours sinueux, semblent caresser avec amour l'île de la Barthelasse, corbeille de verdure et de fleurs, s'échappant du sein des eaux ; à gauche, les quatre arches du vieux pont de pierre et la petite chapelle de saint-Benézet, seul débris de ce beau monument de l'architecture civile du douzième siècle ; dans l'horizon lointain, le Mont-Ventoux, sentinelle avancée de la chaîne des Alpes, au pic couronné de neiges éternelles ; en face, les remparts d'Avignon avec tours, machicoulis, créneaux et leur teinte feuille-morte, se détachant sur les vertes allées d'ormeaux du cours ; au dessus des remparts, les toits irréguliers des maisons que dominent le rocher *des Doms*, l'église métropolitaine de Notre-Dame, l'ancien archevêché, enfin le palais des Papes, construction unique en Europe, symbole de l'art au Moyen-Age, sous ses trois grands aspects, religieux, militaire, civil ; vaste carrière de pierre, dont les énormes tours s'enlacent, se groupent, unies par de gigantesques arcades.

Le langage des hommes n'a pas d'artifices capables de reproduire cet ensemble de merveilles où rivalisent l'art et la nature, où tant de détails s'enchaînent sans confusion, où chaque objet semble calculé pour le plaisir des yeux. Jamais l'imagination, dans ses créations fantastiques n'a rêvé un panorama si ravissant. Seul, le pinceau de Joseph Vernet ou d'Isidore Dagnan peut en donner une idée. 1

---

1 Ce magnifique tableau a trouvé un peintre dans notre Joseph Vernet qui le traita en 1757, à son retour de Rome, avec toute la magie d'un talent rival de la nature. On voit que le sentiment du patriotisme a guidé Joseph Vernet. Cette vue d'Avignon, ouvrage d'un Avignonnais, a long-temps fait partie du cabinet d'un ami et d'un compatriote de Joseph Vernet, M. Aubert, garde des diamants de la couronne. Elle est aujourd'hui en Angleterre.

M. Isidore Dagnan, paysagiste distingué, dont les compositions ont produit une sensation profonde aux derniers salons, s'est également occupé du même sujet. Pendant les années 1832 et 1833, il est venu dans nos contrées puiser des inspirations et des modèles. Parmi les sujets qu'il a traités, on a remarqué une admirable étude d'Avignon, sur laquelle il exécutera un grand tableau pour le compte du gouvernement. M. Dagnan a pris son point de vue de l'île de la Barthelasse. Joseph Vernet s'était placé auprès de Villeneuve.

Maintenant que notre voyageur s'arrache à tant de séductions, à tant de délicieux contrastes, qu'il entre dans la ville, non sans jeter en arrière un regard de regret sur ce beau fleuve qu'il vient de traverser ; qu'il franchisse le seuil de la porte de l'*Oulle,* il marchera de surprise en surprise.

Le moyen-âge l'entoure, le saisit, l'enveloppe. Des rues étroites, tortueuses, formant un labyrinthe inextricable ; des hôtels, ou plutôt des palais, à côté de chétives masures, dont un rideau de pampres masque la façade lézardée, des massifs de verdure qui s'échappent du milieu des édifices ; les branches élevées des peupliers balancées par le vent, et se mariant avec les flèches immobiles des clochers gothiques découpés à jour, travaillés comme de la dentelle ; partout des dômes, des terrasses, des porches, des tourelles qui, ainsi que les madones nichées à chaque angle de rue, attestent la longue domination du Saint-Siége et la résidence de plusieurs papes à Avignon. Ici, une maison avec ses étages en auvent ; là, une usine où se déploient toutes les ressources de l'industrie moderne ; plus loin, de vastes prairies coupées par des ruisseaux d'eau vive ; des canaux alimentés par la fontaine de Vaucluse, faisant mouvoir les *guindres* et les *tavelles* de prosaïques *moulins à soie* ; des jardins entourés d'une haie d'aubépine, assez grands pour y bâtir une ville et y loger dix mille habitants ; l'aspect et les travaux des champs au sein de la cité ; des faneurs s'appuyant sur leurs rateaux à vingt pas d'un atelier où l'on tisse ces *florences*, recherchés sur tous les marchés du commerce européen et même en Amérique ; des places plantées de grands arbres comme les *squares* de Londres ; enfin, toutes ces harmonies, tous ces contrastes, couronnés par un ciel d'azur, éclairés par les rayons d'un soleil méridional : voilà ce qui charme, ce qui séduit dans Avignon.

L'antiquité n'y a laissé que de rares vestiges, que d'incomplets souvenirs. Les Grecs venus de l'Ionie, les légions de Marius et de Jules César, les gardes prétoriennes des successeurs d'Auguste ont glissé sur son sol, sans y empreindre des traces aussi profondes, aussi vivaces qu'à Nismes, qu'à Orange, que dans la cité impériale d'Arles. Pourtant l'existence d'Avignon remonte à une époque très reculée. Plusieurs siècles avant l'ère chrétienne, les Massaliotes y établirent des comptoirs, et y introduisirent le culte de Diane, de leur grande déesse. Déjà s'élevait sur le plateau inférieur du rocher des *Doms*, un temple dédié à Hercule, et construit sans doute par les Tyriens qui faisaient de ce demi-dieu l'emblême de leur génie commercial, de leurs aventureuses expéditions.

Avant sa réunion à la France, on peut dire qu'Avignon a passé de main en main comme une monnaie courante. Métropole des Cavares, peuple de race gallique, uni à la confédération ligurienne ; alliée de Tyr et de

Marseille, avec lesquelles elle traitait d'égale à égale ; comprise dans la *Province* romaine, et recevant des droits et des priviléges en échange de son indépendance perdue ; tour-à-tour occupée par les Burgondes, les Ostrogoths, les Franks-Austrasiens, cette ville fut livrée aux Arabes par la trahison du duc Mauronte, lorsque les escadrons rapides des sectateurs de Mahomet, maîtres de la péninsule hispanique, se précipitèrent sur la Gaule, le sabre d'une main, le Coran de l'autre. Le Comte Childebrand, le digne frère de Charles-Martel, reprit Avignon, d'où il expulsa les Musulmans, après une lutte acharnée qu'atteste le nom de *rue rouge*, donné à une rue qui fut teinte de sang.

Bientôt arrive la dégénérescence des Carolingiens ; la clef de voûte du vaste édifice élevé par Charlemagne se brise à sa mort ; les peuples, qu'avait réunis cet homme extraordinaire, ressaisissent leur nationalité respective ; Avignon fait partie du Royaume d'Arles et de Bourgogne fondé par Boson. Mais rien de stable au milieu de ce chaos duquel doit sortir l'organisation féodale ; détachés du royaume des faibles successeurs de Boson, la ville et l'état d'Avignon reconnaissent pour leur droit-seigneur, d'abord, le comte de Forcalquier, puis le comte de Toulouse, sous la suzeraineté de l'empire d'Allemagne.

Alors Avignon prend rang parmi ces grandes communes du midi de l'Europe qui semblaient autant de républiques, s'administrant elles-mêmes, jouissant de la faculté de battre monnaie, élisant leurs magistrats, ayant enfin leurs institutions, leur milice, leur trésor, leurs traités de commerce et d'alliance. A la faveur de ce mode de gouvernement, et grace à la sagesse de ses *podestats*, de ses *consuls* et de son *sénat* en miniature, Avignon acquit une telle importance que ses habitants résistèrent aux exigences et aux armes d'un roi français, de Louis VIII.

Au moment où ce prince se disposait à entreprendre une nouvelle croisade contre les malheureux Albigeois, des ambassadeurs avignonnais vinrent le trouver à Lyon dans l'espoir de détourner de leur cité le fléau de la guerre. Ils offrirent à Louis le passage du Rhône sur le pont de saint Bénézet, et lui promirent des vivres pour son armée. Cette proposition fut acceptée.

Afin de ne pas exposer aux outrages des croisés une population qu'un secret penchant entraînait vers les doctrines des Albigeois, les magistrats firent adapter un pont de bois au pont de pierre, de sorte que les Français pouvaient traverser le fleuve sans entrer dans la ville. L'accès n'en était permis qu'au Roi, au cardinal-légat et aux principaux chefs.

Des corps de troupes effectuèrent ainsi le passage; mais Louis VIII murmura contre une condition qui indignait son bouillant courage; il demanda à traverser Avignon, le casque en tête, la lance au poing, suivi de ses hommes d'armes.

A cette exigence du Roi, les magistrats et la population répondirent par d'énergiques refus. Des négociations s'ouvrirent; elles n'amenèrent aucun rapprochement, le siége commença.

Les deux podestats d'Avignon, Guillaume Raymond et Raymond de Vial, déployèrent une intrépidité qui fut imitée par tous les habitants. On rendit aux Français flèches pour flèches, javelots pour javelots, pierres pour pierres. C'était un spectacle imposant que de voir le patriotisme de ces bourgeois veillant sur leurs larges murailles de construction romaine, et décidés à subir les plus dures extrémités. Bientôt, l'ardeur de l'été provoqua, dans le camp français, des maladies épidémiques, qui, de concert avec la résistance des Avignonnais, firent périr plus de vingt mille assiégeants.

Cependant, malgré ces premiers succès, les Avignonnais capitulèrent le 12 de septembre 1226, après un siége de trois mois. Le cardinal de Saint-Ange les punit alors de leur dévouement à la cause de Raymond de Toulouse et de Bernard de Foix. Par la sentence que fulmina le représentant du souverain pontife, ils furent tenus d'abandonner ces deux princes, de refuser l'entrée de leur ville à tout hérétique, de soumettre à la sanction de leur évêque l'élection des podestats et des consuls, d'abolir les droits de péage, et de donner mille marcs d'argent pour acquitter les dettes de l'église d'Avignon.

Là, ne se borna point leur châtiment; les murs furent

détruits, les fossés comblés. Trois cents maisons devaient être rasées sur la désignation du légat, ainsi que les tours qui s'élevaient dans l'intérieur de la ville. Les Avignonnais furent encore obligés de payer six mille marcs d'argent pour contribution de guerre, et d'entretenir pendant un an trente soldats *bien armés* en Palestine. Enfin, ils eurent à remettre leurs navires à voiles, toutes leurs balistes, et, par un article spécial, le légat se réserva la faculté de faire abattre les ponts.

En déployant tant de sévérité, le cardinal de Saint-Ange était loin de prévoir qu'Avignon deviendrait un jour la résidence ou plutôt l'asile de plusieurs papes, et que, par les soins du Saint-Siége, se relèveraient ces remparts, ces tours, ces maisons, dont un envoyé du Saint-Siége avait ordonné la ruine. Le quatorzième siècle gardait à Avignon ce dédommagement ; il lui réservait pour cicatriser ses blessures, pour refaire sa population apauvrie, pour réparer toutes ses pertes, la présence de Clément V, de Jean XXII, de Benoit XII, de Clément VI, d'Innocent VI, d'Urbain V, de Grégoire XI, de Clément VII, de Benoît XIII.

Les luttes sanglantes des Guelfes et des Gibelins servirent de prétexte à Clément V pour ne pas se rendre à Rome ; il vint à Avignon en qualité d'hôte, (1309) ; le voisinage du Comtat-Venaissin, qui faisait partie du domaine du Saint-Siége, semblait justifier cette détermination. Un motif d'intérêt s'y mêlait sans doute ; quarante ans plus tard, en 1348, un autre pape du même nom, Clément VI, le prouva par l'acquisition de la ville et de l'état d'Avignon au prix de quatre-vingt mille florins d'or : vente qui fut l'ouvrage de la reine Jeanne de Naples, la Marie Stuart du midi.

De cette époque date la prospérité d'Avignon, son importance en qualité de capitale du monde chrétien ; de là, ses nombreuses églises, ses couvents, ses chapelles, ses cloches aux merveilleux carillons, ses sept confréries de pénitents ; de là, les mœurs de sa population, son goût pour les arts développé par de continuels rapports avec l'Italie, par les travaux de Giotto, de Simon de Sienne, de Giottino, et de tous ces fameux peintres venus de l'autre côté des Alpes, dont les traditions ont été conservées, agrandies par des Avignonnais, par les Parrocel, les Mignard, enfin par cette race privilégiée des Vernet, où le génie se transmet comme un héritage de famille.

Cet accroissement rapide, ces flots d'habitants qui se pressaient dans son sein, cette élégante ceinture de murailles, dont l'entourait la prévoyance de ses nouveaux souverains, son palais où Urbain V reproduisait les enchantements de Rome, ses cours d'amour, sa belle Laure et les chants inspirés de Pétrarque : tout cela, Avignon l'expiait cruellement par cinq invasions de la peste dans la seconde moitié du quatorzième siècle.

Ce fléau porta un coup terrible à sa population qu'acheva d'affaiblir l'éloignement des papes. Rome ressaisit ses antiques droits ; la ville éternelle redevint la métropole de la chrétienté ; elle envoya à Avignon, d'abord, des légats, puis des vice-légats, comme gouverneurs religieux, politiques, militaires et civils.

Mais les foudres du Vatican perdaient chaque jour quelque chose de leur force et de leur retentissement ; Avignon et le Comtat, pressés de tous côtés par la France, entourés d'un cordon de douanes qui paralysait leur agriculture et leur commerce, ne pouvaient manquer d'être absorbés par un puissant voisin. Cet événement arriva le 14 de septembre 1791.

Depuis lors, tout a changé de face dans Avignon : le costume, les lois, les formes de gouvernement. Quelques années après sa réunion à la France, la cité papale est devenue le chef-lieu du département de Vaucluse ; le palais des papes a été transformé en caserne d'infanterie ; la couchette de fer du soldat français s'appuie contre le mur que décora jadis le pinceau naïf de Giottino ; une industrie nouvelle, apportée de Smyrne, au péril de ses jours, par le persan Althen, qui, en reconnaissance des trésors, dont il dotait le Comtat, devait mourir de misère à l'hôpital, une industrie nouvelle, la garance, a envahi les chapelles, les églises, les couvents changés en magasins et en usines. Chaque heure efface les vestiges du passé, crée d'autres besoins, d'autres rapports, d'autres intérêts : eh bien ! dans ses mœurs, dans son langage, dans le tour d'esprit de ses habitants, avec son instinct artistique, avec le luxe de ses processions, avec ses confréries de pénitents gris, blancs, noirs, par son amour pour les fêtes, Avignon sera long-temps encore la Rome française.

PONT DE SAINT BENÉZET.

Et nous aussi nous avons de belles et poétiques légendes, dignes de rivaliser avec les traditions de l'Ecosse et de l'Allemagne ; malheureusement il leur a manqué un Walter Scott, un Bürger. Il faut les entendre raconter le soir, pendant les longues veillées d'hiver, dans une de ces familles dont le Rhône constitue, en quelque sorte, le domaine et le patrimoine, familles où l'enfant, à peine débarrassé de ses langes, commence à lutter contre le courant du fleuve, à jouer avec les flots rapides et sonores, en attendant que sa main puisse jeter le filet ou manier l'aviron; il faut les entendre nos légendes avignonnaises dans ce patois avignonnais, fils aîné du roman provençal, de la langue des troubadours, dont il a retenu les inflexions, la grace et l'harmonie. Quelle variété de teintes! quel bonheur d'expressions! comme chaque mot détache et colore l'idée, surtout si, pendant le récit de l'aïeul, vieillard chargé d'années, éprouvé par de rudes travaux, le souffle de la *bise* vient à ébranler l'humble maison, mêlant ses sifflements au fracas du fleuve qui se brise contre les piles encore debout du vieux pont de Saint Benézet!

« Enfants, dit le vieillard, c'est demain que tous les habitants de la *Fusterie* et du *Limas* font célébrer une messe dans la chapelle de saint Benézet; vous y assisterez, apprenez à bénir la mémoire de mon vertueux patron.

« Il y a de cela long-temps, bien long-temps: avant l'arrivée des papes, avant que les tours du *Palais* fussent bâties, un jeune pâtre, nommé Benézet, gardait dans la campagne les brebis de sa mère. Le soleil s'obscurcit, il y eut comme un voile qui couvrit sa face, et tout-à-coup ces mots retentirent dans l'air, répétés par trois fois : — Benézet, mon fils, écoute la voix de Jésus-Christ. — L'enfant étonné répondit : — Où êtes-vous, Seigneur, j'entends vos paroles, et je ne vois personne.

— Écoute sans crainte, reprit la voix. Je suis ce Dieu qui créa d'un mot le ciel, la terre, la mer, le monde entier. — Eh bien! mon Dieu, que dois-je faire? — Abandonne le troupeau de ta mère, et va bâtir un pont sur le Rhône. — Seigneur, j'ignore où coule le Rhône, et je n'ose laisser le troupeau confié à mes soins. — Ne t'ai-je pas dit de croire; marche donc sans crainte, je ferai garder tes brebris, et je te donnerai un guide fidèle. — Ah! Seigneur, je ne possède que six oboles, comment construire un pont! — Tu le sauras mon fils, je t'en révèlerai les moyens.

« Obéissant aussitôt à l'ordre de Dieu, le jeune berger se mit en route, et il ne tarda pas à rencontrer un ange du ciel en habit de pèlerin, le bourdon à la main, la besace sur le dos, qui lui dit : cher enfant, suis moi sans inquiétude, je te guiderai auprès du fleuve où tu dois bâtir un pont, et je t'enseignerai ce que tu as à faire.

« Cela dit, ils arrivèrent en un instant au bord du Rhône. A l'aspect de la largeur du lit du fleuve, l'enfant, frappé de stupeur, s'écria qu'il était impossible d'y construire un pont. — N'élève aucun doute, mon fils, lui répondit l'ange avec douceur; l'esprit de Dieu plane sur toi. Voilà une barque pour traverser le fleuve, entre dans Avignon, et fais connaître ta mission à l'évêque ainsi qu'au peuple. — A ces mots, l'ange disparut.

« Benézet, s'approchant de la barque, pria le batelier de le transporter sur l'autre rive pour l'amour de Dieu

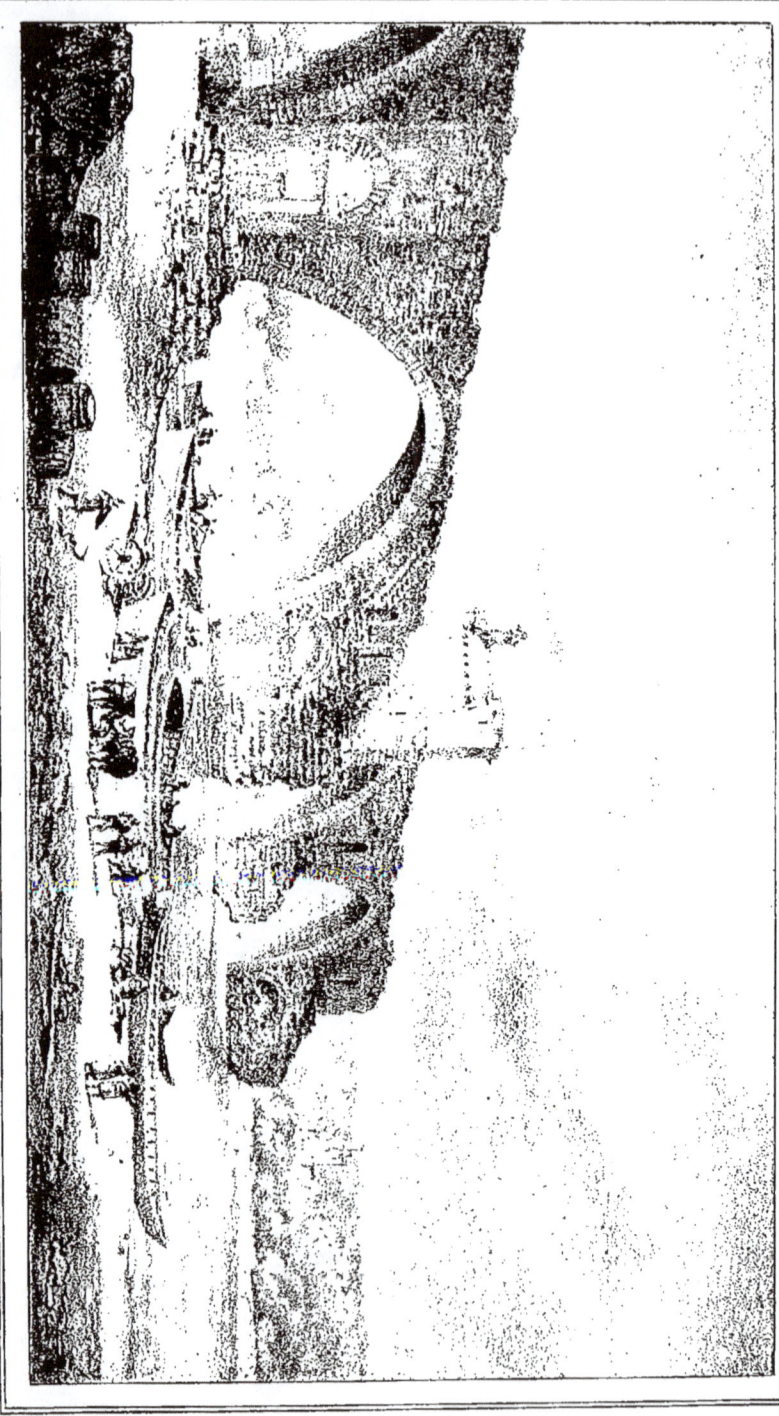

PONT DE SAINT BENEZET.

et de la vierge Marie. Le batelier était juif. — Je n'ai que faire de ta vierge Marie, lui dit-il, elle n'a aucun pouvoir sur la terre ni dans le ciel ; j'aime mieux trois deniers que toute sa protection. — L'enfant lui donna alors trois oboles, dont le batelier se contenta faute de mieux ; et, le faisant embarquer, il le déposa bientôt à la porte de la ville.

« Benézet y entra ; il trouva l'évêque Pons, occupé à prêcher la parole de Dieu. L'enfant, d'une voix haute et assurée, s'écria : écoutez tous, et pesez mes paroles. Le Seigneur Jésus-Christ m'envoie ici pour construire un pont sur le Rhône.

« L'évêque examinant la tournure du personnage, l'adressa au viguier pour qu'on le châtiât, et qu'on lui coupât les mains et les pieds comme à un malfaiteur. L'enfant se présenta au viguier avec une naïve assurance : — « Le Seigneur, dit-il, m'envoie ici pour construire un pont sur le Rhône. A quoi le viguier répondit avec colère : — « Comment un individu de ton espèce, misérable berger, accomplirait-il ce que les hommes les plus puissants, et même l'empereur Charlemagne, n'ont pas osé entreprendre ? Au reste, les ponts se composent de pierres et de ciment ; je veux te fournir une pierre qui se trouve dans mon palais ; si tu la portes, je croirai alors à la réussite de ton projet.

« Benézet, plein de confiance en Dieu, retourne auprès de l'évêque pour lui faire part de la proposition du magistrat. — « Allons de suite, dit le prélat, admirer la merveille que tu nous annonces. » Et, suivis de tout le peuple, ils se rendirent au palais du viguier. Là, Benézet souleva l'énorme pierre que les efforts réunis de trente hommes n'auraient pas remuée; il la chargea sur ses épaules avec la même facilité que s'il se fût agi d'un petit caillou. S'avançant ainsi à la tête de la population, il vint au bord du fleuve placer cette pierre comme fondation de la première arche du pont. Les spectateurs, dans leur admiration, célébraient la puissance de Dieu et les prodiges par lesquels elle se manifeste. Le viguier, le premier, tomba à genoux, saluant Benézet du nom de Saint, il lui donna trois cents sous. Dans quelques instants les dons de la foule s'élevèrent à cinq mille sous, destinés aux frais de construction du pont. »

La voilà cette légende sur laquelle plus de six cents ans ont passé sans en altérer la jeunesse, sans diminuer la croyance que lui accordent à Avignon les classes populaires. Pourrait-il en être autrement à l'égard d'une tradition qui flatte si bien un sentiment d'orgueil toujours excusable, toujours légitime, lorsqu'il se rapporte au pays natal? Heureux le peuple qui écrit ainsi au front de ses monuments le grand nom de Dieu! Mieux que les habitants de l'antique Egypte, ce peuple bâtit pour l'éternité.

Et puis le Rhône, avec l'impétuosité de son cours, avec ses tourbillons et les tributs de victimes humaines qu'il prélève chaque année, le Rhône exerce une prodigieuse influence sur des imaginations méridionales. Le culte du Nil a pour base la reconnaissance, celui du Rhône, la terreur. Mais à cette terreur qui n'est pas encore bien dégagée des vieilles superstitions du polythéisme gallique, le christianisme a opposé, par le plus heureux constraste, de douces et radieuses figures, couronnées de l'auréole des élus : à Tarascon sainte Marthe, à Avignon saint Benézet.

Notre siècle positif n'ira point sourire de pitié aux merveilleux récits qui ont charmé la jeunesse d'une société aujourd'hui vieille de civilisation, mais heureuse de remonter ainsi à ses belles années de foi naïve, de poétiques fictions. A travers ce voile de fictions il n'est pas difficile d'entrevoir la vérité.

Un berger, d'Alvilard dans le Vivarais, du nom de Benézet, vint effectivement à Avignon en 1177. C'était un enfant de douze ans ; et dans un âge aussi tendre, malgré son humble extraction, il annonça que le but de son voyage, inspiré par Dieu même, se rapportait à la construction d'un pont sur le Rhône. Pendant sept ans entiers, il poursuivit l'accomplissement de cette œuvre gigantesque qu'il n'eut pas le bonheur de voir achever. Il mourut en 1184, il mourut, dévoré sans doute par l'ardeur de son zèle, par les travaux auxquels il s'était livré ; mais du moins en tombant, il put pressentir la réalisation du noble rêve de sa vie.

Une confrérie de *Frères Pontifes* se trouvait organisée à Avignon par les inspirations du vertueux berger d'Alvilard ; il se survivait dans chaque membre de cette institution ; son esprit les animait ; sa pensée planait sur eux : et, quatre ans après la mort de Benézet, en 1188, le pont fut terminé. Avec l'immense développement de ses ressources, au milieu des conquêtes de la science et de l'industrie, notre civilisation moderne n'oserait pas se promettre un pareil résultat dans le cours de onze années. Alors, il est vrai, la Religion ennoblissait tous les actes de l'existence sociale et individuelle ; elle avait un riche salaire pour les sueurs de l'ouvrier et de sublimes illuminations pour le génie de l'architecte.

Hommes, femmes, vieillards, enfants, la population entière s'associait à la sainte entreprise ; plus de distinctions de rangs, de sexe, d'âge, de fortune ; la foi suppléait à l'insuffisance des moyens humains. A sa voix, d'énormes blocs de pierre s'arrondissaient en voûte, se profilaient en arcades, ou descendaient en masses compactes dans les profondeurs du fleuve. Malgré les deux bras du Rhône et l'île qui les sépare, la ville de Saint-André devenait un faubourg d'Avignon : vingt-cinq arches courant à travers un espace de 1947 mètres, leur servaient de lien.

Comme un moissonneur fatigué qui s'endort au milieu du jour, avant d'avoir fini sa gerbe, l'architecte inspiré avait déposé l'équerre et le compas ; mais il était toujours identifié à son œuvre. Par un de ces touchants hommages qui n'appartiennent qu'aux siècles de croyance et de foi, les Avignonnais placèrent le monument sous l'invocation spéciale du fondateur. Non seulement ils donnèrent à leur pont le nom de Benézet, mais ils furent mieux inspirés; ils déposèrent ses dépouilles mortelles dans une petite chapelle bâtie sur un éperon accolé à la deuxième arche. Ces fastueuses pyramides que les rois égyptiens élevaient à leur néant, et qui fatiguent la terre de leur poids inutile, valent-elles le tombeau de l'humble berger d'Alvilard?

Dans cette chapelle, en face des reliques du saint, car l'Eglise le canonisa sous le pontificat d'Innocent IV; dans cette chapelle venaient les mères et les femmes des mariniers du Rhône; elles priaient pour le prompt retour d'un fils, d'un époux qui étaient descendus jusqu'à Arles. A leurs prières se mariait la grande voix du fleuve dont le courroux leur paraissait moins redoutable dans cette enceinte sacrée. Veuve de son ancienne splendeur, la chapelle du pont ne possède plus ces précieuses reliques. En 1674, elles furent transférées dans l'église des Célestins. Que sont-elles devenues au milieu du vandalisme de la Terreur, dans ces jours de deuil et de sang, où l'éruption du volcan populaire brisa les marbres des temples et le trône de saint Louis?

N'importe: la mémoire du jeune pâtre d'Alvilard ne mourra jamais dans Avignon; elle repose sur un grand service rendu, sur une bienfaisante influence dont les effets se prolongeaient au-delà du terme de sa carrière, car les religieux qu'il avait institués ne se bornaient pas seulement à l'entretien du pont, ils donnaient encore l'hospitalité aux pèlerins.

Le temps et le Rhône, dans leurs efforts combinés, ont détruit cet antique monument; il n'en reste aujourd'hui que quatre arches et la chapelle : c'est tout ce qui a résisté à la terrible inondation de 1669. Une tradition populaire impute à Louis XIV la destruction de ce pont. On prétend qu'à l'époque de son passage à Avignon ce monarque vit d'un œil d'envie la prospérité des manufactures de velours qui faisaient une concurrence meurtrière aux fabriques de Lyon.

Pourtant Louis XIV aurait pu deviner le mot d'un de ses petits-fils, disant qu'à Avignon il avait été reçu comme un Dieu. (¹) Il y fit son entrée le 19 mars 1660; il venait d'Arles, et, depuis la rive droite de la Durance jusqu'à la place du Palais, malgré une pluie d'orage, la population bordait la route et les rues. A son départ le 1ᵉʳ d'avril, même empressement, même enthousiasme pour le prince qui régnait par sa figure et sa beauté autant que par son rang. En quittant Avignon, Louis XIV se

---

(¹) Monsieur, Comte de Provence, depuis Louis XVIII, à l'occasion de son voyage dans le midi en 1777, dit : *J'ai été reçu à Lyon comme un prince, à Marseille comme un roi, à Avignon comme un Dieu.*

rendait sur les frontières d'Espagne, au-devant de l'infante Marie-Thérèse qui devint un gage de réconciliation et de paix entre deux grands peuples.

Le ciel était pur et serein, un printemps anticipé révélait le climat du Midi; le roi voulut sortir de la ville et traverser le pont à cheval. Cette longue file d'arches était décorée de tentures de velours. Pendant le trajet, Louis s'arrêta plusieurs fois, tournant la tête en arrière pour admirer encore le tableau ravissant qu'offre Avignon, vue de ce point. D'après la tradition populaire, ce serait dans cette heure de fête et de triomphe, que le monarque aurait conçu la pensée de répondre par un acte tyrannique à l'hospitalité avignonnaise.

Quelle que soit l'autorité de l'histoire orale, chaîne vivante qui lie le passé au présent, le présent à l'avenir; quelle que soit son autorité, il est impossible d'adopter cette opinion: le Rhône faisait au pont une guerre assez dangereuse pour que le roi de France n'eût pas besoin de concourir à une destruction, dès long-temps inévitable. Déjà des éboulements partiels avaient annoncé l'approche de la catastrophe: elle eut lieu en 1669.

Au fait, cet événement ne dut surprendre ni les magistrats ni les habitants d'Avignon. A la suite des diverses révolutions arrivées dans les destinées de l'Art, l'ordre des *Frères Pontifes* s'était éteint, les institutions de la *franche-maçonnerie*, dernière expression de l'ère féodale, avaient également disparu pour faire place aux règles despotiques des académies et au libre développement de chaque individualité. Le beau monument de saint Benézet ne rencontrait donc plus que de stériles sympathies. En 1349, le pape Clément VI avait bien relevé quatre arches renversées par le Rhône ; mais le Saint-Siége semblait alors fixé pour toujours à Avignon ; et Clément VI se trouvait, à l'égard d'une ville qu'il venait d'acheter, dans des dispositions paternelles. Les temps étaient bien changés en 1669.

Sans doute il fut question de réparer ce désastre, sans doute on se demanda ce qu'étaient devenues les sommes affectées à l'entretien du pont, et qu'avait jadis amassées la prévoyance des religieux institués par le berger d'Alvilard. Mais à ces vœux, à ces manifestations du patriotisme avignonnais, que pouvait répondre un prélat italien, envoyé sur les bords du Rhône, comme à un poste de transition qu'il avait hâte de quitter ? car c'était un degré vers le chapeau de cardinal ; et entre ce chapeau et la tiare il n'y a qu'une existence d'homme. Peut-être même les secrets partisans de l'autorité des podestats, de ces magistrats élus par une cité indépendante, allèrent-ils jusqu'à rappeler qu'en vertu d'une concession de Raymond de Toulouse, (¹) la partie de la rive droite du Rhône, où aboutissait le pont, appartenait aux Avignonnais.

Un démenti brutal détruisit ces prétentions ; un offi-

(¹) Juillet 1212.

cier de Louis XIV, le maître des ports de Villeneuve, suivant avec son bateau le fleuve qui avait envahi plusieurs quartiers d'Avignon, vint triomphalement planter les armes de France dans la rue de la *Fusterie*, dont il prit possession au nom de son souverain.

Cette démarche d'un agent subalterne dénote la politique du cabinet français qui certainement, dans l'intérêt de ses douanes, et à cause de la rivalité des manufactures avignnonnaises, se serait opposé à la reconstruction du pont.

Quatre arches et la chapelle sont encore debout, pour servir de vivant commentaire à la vieille chronique de saint Benézet, pour offrir à l'artiste de délicieux cadres de tableaux ; elles sont là comme le souvenir d'une époque finie et qui ne peut renaître, comme une page monumentale des fastes d'Avignon et des bienfaits du christianisme.

TOMBEAU DE LAURE.

> Non la connobe il mondo, mentre l'ebbe ;
> Counobill'io ch'a pianger qui rimasi.
>
> PETRARCA.
>
> Ce monde où s'écoula ta vie
> Eut le malheur de t'ignorer ;
> Je t'ai connue, ombre chérie,
> Et je reste pour te pleurer !
>
> A. DE LOY.

L'AGONIE. — 1348.

Mourir.... mourir lorsque l'existence offre tant de charmes.... Épouse et mère ! Laisser derrière soi tant d'objets d'amour et de regret ! Pourtant elle ne murmure point : aucune plainte ne sort de ses lèvres pâlies par la souffrance. Au contraire, c'est elle qui trouve des consolations pour son époux, pour ses enfants, pour ses amies, qui se pressent, éplorés, autour de son lit d'agonie.

Les premiers rayons du jour commencent de pénétrer dans l'appartement à travers les vitraux coloriés de l'étroite fenêtre terminée en ogive ; à cet éclat incertain, qui s'harmonie avec les dernières lueurs d'une lampe d'argent achevant sa veille, on distingue un prie-dieu recouvert en velours et surmonté d'une image de la Madone; plus loin s'élève une cheminée gothique, décorée des armes de la noble famille de Sade; le long des murs tremble une tapisserie de Flandre ; et d'élégantes arabesques décrivent, découpées en festons, les courbes gracieuses de la voûte.

Comme tout est pur, comme tout est calme dans ce sanctuaire de la vertu et de la beauté ! Le fléau lui-même, en y entrant, ce fléau venu du fond de la Tartarie, dont l'Asie, l'Afrique et l'Europe ne prononcent le nom qu'avec effroi, il a perdu ses épouvantements et ses horreurs.

Avignon n'avait plus de larmes, plus de sanglots, plus de deuil. Trois mois de ravages exercés par la *Peste noire*, trois mois de continuelles funérailles, ont blasé tous les cœurs, fermé toutes les âmes aux impressions de la pitié. Ceux qui ne sont pas atteints s'enveloppent, se cuirassent d'indifférence et d'égoïsme, s'isolent du monde entier, et ne songent qu'à satisfaire leurs passions brutales.

Mais les dangers de Laure de Noves, de l'épouse de Hugues de Sade, ses dangers ont rouvert une source d'émotions que chacun croyait tarie. Parents, amies, voisins, sont accourus sans s'inquiéter des effets de la contagion..... La contagion n'est-elle pas désarmée ? n'a-t-elle pas respecté la beauté de Laure ?

Voilà donc cette Laure, l'amour et l'orgueil d'Avignon! A mesure que les couleurs de la vie s'effacent et disparaissent de ses traits, l'éternité y grave son empreinte. Assise sur son lit aux massives colonnes, autour desquelles retombent des rideaux verts garnis de franges d'argent, ses cheveux blonds flottant sur ses épaules, ses grands yeux noirs fixés sur le signe révéré de la Rédemption, on dirait un ange qui va quitter un séjour d'exil pour prendre son essor vers un monde meilleur.

— « Trésor de vertu, fleur de beauté, graces décen-
» tes, nous allons tout perdre à la fois. »

— « Dieu du ciel, daignez nous conserver notre guide,
» notre phare, cette tendre amie, dont l'exemple nous
» encourageait dans les voies de la sagesse. »

— « L'ame de nos plaisirs innocents va donc s'éloigner
» pour jamais, et se cacher dans les profondeurs de l'é-
» ternité! »

— « Le ciel qui nous l'enlève semble nous envier un
» bien trop précieux, dont il nous juge indignes. »

Ainsi s'exprimaient, avec des larmes et des soupirs, les amies de Laure, agenouillées autour de sa couche.

Avec ces plaintes et ces regrets viennent se mêler et se confondre les sanglots, à demi-comprimés, des fils et des filles de Laure. Ils sont là, brisés par la douleur, implorant la miséricorde divine, étudiant avec effroi les progrès de la mort sur le visage de celle qui leur donna la vie.

Hugues de Sade assiste aussi à ce spectacle de deuil ; à travers son abattement, perce je ne sais quelle lueur d'espoir. D'odieux calculs d'intérêt étoufferaient-ils dans son cœur le cri de la douleur conjugale ! Est-ce indifférence ? N'a-t-il point compris cette âme d'ange que la mort va lui ravir ? Ou bien, avant de revêtir la livrée de deuil, médite-t-il déjà de nouveaux nœuds ? A côté des torches des funérailles, son imagination allume-t-elle les flambeaux d'un second hymen ?

Mais tout se tait ; chacun, par un violent effort, retient ses larmes, étouffe ses soupirs ; Laure lève sa main défaillante, pour bénir ses nombreux enfants, pour remercier Hugues de Sade des soins dont il l'a constamment entourée.

— Vivez de longs jours, Messire, dit-elle avec cette voix pure et mélodieuse qui vibrait naguère au fond de tous les cœurs, à laquelle l'approche du trépas n'a pu enlever sa magie et ses séductions ; conservez-vous pour nos enfants, qu'ils me retrouvent en vous....

Elle se tait, oppressée, et promène autour d'elle un regard empreint d'une indicible douceur.

En effet, d'amères pensées ne peuvent pas troubler ses derniers intants. Dès le 3 d'avril, dès la première atteinte de la contagion, elle ne s'est point bercée d'une espérance trompeuse; elle s'est approchée de la Table sainte, puis elle a réglé ses intérêts terrestres, et institué Hugues de Sade son héritier. Ainsi tous ses devoirs de chrétienne, d'épouse, de mère, se trouvent accomplis. Vienne la mort !

En ce moment, les cloches des basiliques et des monastères retentissent, jetant dans l'air la première heure du jour et appelant les fidèles au saint sacrifice de la messe. D'où vient que ces sons lointains ont fait frémir la mourante ? d'où naît cette rapide émotion qui ébranle tout son être, et, des limites du trépas, la ramène aux illusions de la vie ?

Oh ! que de souvenirs dans ce tintement !.... A pareil jour, à pareille heure elle rencontra, pour la première fois, celui dont le chaste amour ne s'est jamais démenti. Vingt-et-un ans se sont écoulés sans refroidir, sans altérer cette passion si profonde, si pure, qui s'est constamment suffi à elle-même, qui s'est nourrie de sa propre substance, sans jamais recevoir de récompense, ni d'aliment, semblable à l'amour dont les anges du ciel brûlent pour Dieu, et comme cet amour angélique s'exprimant par de suaves harmonies.

Quel sera désormais le sort du poète, seul dans le monde, privé de la lumière de son existence.... Pétrarque!.... A ce nom qui l'épouvante, qui pèse sur son cœur presque comme un remords, Laure joint lentement les mains, et commence une fervente prière qui ne devait s'achever qu'au ciel. La lampe s'éteignit au même instant.

LES DEUX VISITES. — 1533.

Près de deux siècles avaient fui depuis la mort de Laure, et ce nom rayonnait de gloire, consacré par l'amour et la poésie; mais, de l'idole de Pétrarque, Avignon ne gardait que le souvenir : son tombeau était inconnu. Un savant lyonnais, Maurice de Sève, entreprit le voyage d'Avignon dans le but d'éclaircir ce mystère. Au défaut de traditions locales, les récits du poète lui serviront de guide. Dans cette précieuse investigation, le savant fut secondé par Jérôme Manelli, gentilhomme florentin, et par Bontemps, grand-vicaire du cardinal de Médicis, alors archevêque d'Avignon. C'est à l'église des Cordeliers qu'ils se rendent; c'est là que, le 6 avril 1348, fut inhumée la dépouille mortelle de Laure. Pétrarque a consigné ce fait : sa parole est infaillible. Mais les religieux ignorent le trésor qu'ils possèdent; à toutes les questions qu'on leur adresse, ils répondent par le silence. Dans la chapelle de la croix, la voûte est décorée d'une étoile à huit rayons; ce sont les anciennes armoiries de la famille de Sade. Cet indice lumineux dissipe tous les doutes de Maurice de Sève. — Ici, dit-il, doit reposer l'épouse de Hugues de Sade; et, du doigt, il montre une large pierre tumulaire ne portant aucune inscription.

Le cœur palpitant d'une sainte émotion, il se penche sur cette pierre, il cherche à distinguer les vestiges de deux écussons effacés par le temps. Au dessus de ces écussons brille une rose, une rose, gracieux emblème, touchante allégorie : comment s'y méprendre?

Le grand-vicaire a ordonné d'ouvrir le tombeau ; on obéit, et, aux regards attendris des admirateurs de Pétrarque, s'offrent des ossements à moitié recouverts de terre. C'est tout ce qui reste de la belle Laure. Dans un coin du monument, ils aperçoivent une boîte en plomb; Maurice de Sève s'en empare, brise le fil de fer qui l'entoure, et y trouve un parchemin scellé de cire verte, avec une médaille de bronze représentant une femme qui, de ses deux mains, se découvre le sein ; sur la tranche sont gravées ces quatre lettres M. L. M. J. Le revers de la médaille est uni.

Plus de doute : sur le parchemin, Maurice de Sève distingue des vers, des vers italiens; avec quelle profonde vénération il déroule ce précieux manuscrit ! comme il en étudie les caractères rongés de vétusté, perdus dans des plis nombreux ! Enfin, en le plaçant à l'opposite des rayons du soleil, il a lu, il a relu un sonnet entièrement consacré à Laure. Jamais épitaphe plus précise. Avignon ne sera plus déshéritée du tombeau de la muse de Pétrarque.

8 SEPTEMBRE 1533.

Avignon a pris ses habits de fête pour célébrer la présence de son hôte royal, de François Ier, heureux du dévouement d'une ville qui, aux jours mauvais, lui a donné tant de preuves d'affection. Le monarque se rend à Marseille, où l'appelle le mariage de son second fils, Henri, duc d'Orléans, avec la fille de Laurent de Médicis. Le pape Clément VII doit lui-même conduire en France la jeune fiancée; il vient, à la fois comme pontife et comme parent, bénir cette union plus tard funeste, mais qui s'annonce sous les plus brillants auspices. Dans la jeune et séduisante Italienne, rien n'indique cette Catherine qui doit faire couler des flots de sang français. D'ailleurs un frère aîné s'élève entre le trône et Henri.

François est descendu au palais archiépiscopal, chez le cardinal de Médicis, premier pasteur du diocèse d'Avignon, et membre de cette famille d'illustres marchands avec lesquels va s'allier la dynastie des Valois.

Le luxe italien, ce luxe où le goût des arts se mêle à la richesse et embellit les produits de vingt climats divers, a tout disposé pour cette réception. Le royal protecteur de Primatice et de Léonard de Vinci a retrouvé autour de lui les magnificences de Fontainebleau. Un jardin suspendu conquis sur le roc se déploie en terrasse sous les fenêtres de son appartement; chacune de ces fenêtres offre le cadre d'un magnifique tableau. Elles dominent le cours du Rhône dont les flots se divisent en deux branches enlaçant des îles de verdure, admirable paysage que couronnent les édifices de Villeneuve-Saint-André, la tour de Philippe-le-Bel, le couvent des Chartreux, élégamment bâtis en amphithéâtre sur de riants côteaux. Du côté du midi, la perspective est plus resserrée, mais aussi intéressante. Au lieu de l'aspect du fleuve et de ses sinueux détours, au lieu du luxe d'une campagne féconde, c'est une longue place encadrée d'imposantes constructions. Ici, la rampe qui conduit au rocher, la métropole de Notre-Dame des Doms, le Palais papal avec sa masse gigantesque et ses hautes tours, que font encore mieux ressortir les chétives maisons situées à l'est et au nord de cette place unique en Europe.

Précisément, la population avignonnaise, comme un essaim d'abeilles sorti de sa ruche par un beau jour, se presse sur la place du Palais. De toutes les rues latérales débouchent des groupes nombreux, parés de leurs plus beaux habits, encore mieux parés d'une joie bruyante et expansive. Les uns viennent contempler la compagnie d'hommes d'armes qui déploie ses rangs mobiles devant la façade de l'archevêché. L'aspect martial de ces guerriers éprouvés par tant de combats, au teint bruni par le soleil d'Italie, leurs armes brillantes, leurs coursiers fougueux qui frémissent au son de la trompette, et s'alignent dociles à la voix du chef : cet appareil belliqueux au milieu de la paix, charme les tranquilles citadins, plus familiarisés avec les processions qu'avec les parades militaires. D'autres groupes se dirigent vers Notre-Dame des Doms, dont le carillon retentit, exécutant de joyeux accords en l'honneur de la Nativité de la Sainte-Vierge.

Ce mouvement, ce tumulte, ces bruits confus n'ont point réveillé le monarque; il dort d'un profond sommeil. Tout-à-coup entre dans son appartement un homme au regard expressif, aux traits mobiles, vêtu d'un juste-aucorps de satin avec un haut-de-chausses de velours feuille morte; il porte des brodequins à larges plis évasés vers le mollet, un manteau d'écarlate, une toque surmontée d'une plume blanche, et entourée d'une riche chaîne d'or à laquelle pend un médaillon garni de diamants.

— Vive Dieu! s'écrie le roi, qui vient ainsi troubler mon repos? Quoi! c'est vous, maître Clément, pour interrompre mon plus joli rêve, vous à cette heure hors du lit! En vérité, je croyais plus de vertu à ce vin du pape, que notre cousin le cardinal vous versait hier d'une main si libérale, et dont vous faisiez de fréquentes libations.
— Sire, répond Clément Marot (car c'était lui qui entrait de la sorte chez son souverain), un poète dort peu de sa nature, surtout dans le pays qui inspira Pé-

trarque. — Parlez donc, maître, auriez-vous quelque projet sur ma royale personne? Foi de gentilhomme! vous me devez une revanche pour m'avoir battu en amour comme en poésie. — Sire, ce n'est pas toujours le vainqueur qui doit s'énorgueillir de son triomphe. Demandez à Charles-Quint. — Courtisan, vous me rappelez Pavie, la blessure que vous y reçûtes, mes fers que vous partageâtes..... Eh bien! achevez. — Je venais rappeler à Votre Majesté son projet de pèlerinage au tombeau de Laure. — Tu as raison, vive Dieu! tu as raison; mes devoirs de roi ne me feront jamais oublier ceux de chevalier et de poète. Nous assisterons d'abord à la sainte messe, où doit officier pontificalement notre digne hôte et cousin. C'est aujourd'hui la fête de la patronne de la France..... Vous viendrez avec moi, maître Clément, pour démentir ce que l'on dit de vous au sujet des idées nouvelles. Et ce soir, après vêpres, nous exécuterons notre poétique excursion.

A l'heure fixée, le monarque se rend à l'église des Cordeliers; il monte un superbe coursier andalous, qui semble fier de son noble poids; à côté chevauche maître Clément, qui devise avec François de vers et d'amour; derrière eux s'avance un nombreux cortége. Toutes les maisons sont pavoisées, partout des fleurs, des tentures, des femmes aux yeux noirs; partout des acclamations d'enthousiasme: car le souvenir de Laure est sacré pour la famille avignonnaise qu'attendrit et qu'électrise le pieux hommage du souverain. La foule a déjà envahi l'église : chacun s'écarte avec respect à l'arrivée de François ; il descend lestement de cheval, faisant retentir ses éperons d'or que lui chaussa le chevalier sans peur et sans reproche ; et, après avoir humblement fléchi le genou devant l'autel du Roi des Rois, il entre dans la chapelle de la famille de Sade.

En présence de ce tombeau, récemment découvert par Maurice de Sève, François éprouve une vive émotion. — Qu'est-ce donc que la gloire ! a-t-il dit. D'après ses ordres, on soulève la pierre tumulaire ; il regarde, et sur sa paupière tremble une larme qu'il se hâte d'essuyer du revers de la main. Prompt à dissiper ce qu'a de pénible cette scène de mort, Clément Marot ouvre la boîte de plomb, et lit à haute voix le sonnet attribué à Pétrarque.

> Qui giacen quelle caste e felici ossa
> Di quell' alma gentile e sola in terra.
> Aspro e dur sasso, or ben teco hai sotterra
> Il vero onor, la fama e beltà scossa.
>
> Morte ha del verde Lauro svelta e smossa
> Fresca radice, e 'l premio di mia guerra
> Di quattro lustri, e più ; s' ancor non erra
> Mio pensier tristo ; e 'l chiude in poca fossa.
>
> Felice pianta in borgo d'Avignone
> Nacque e morì ; e qui con ella giace

La penna, e'l stil, l'inchiostro e la ragione.

O delicati membri, o viva face,
Ch' ancor mi cuoci e struggi! inginocchione
Ciascun preghi 'l Signor t' accetti in pace.

A peine le poète a-t-il terminé sa lecture, que François s'écrie : — « On ne reprochera point à la muse d'un roi » de France d'être demeurée muette dans ce jour. » — Et, déchirant un feuillet des tablettes placées dans sa ceinture, il y écrit ces vers :

En petit lieu comprins vous pouvez voir
Ce qui comprend beaucoup par renommée :
Plume, labeur, la langue et le savoir
Furent vaincus par l'amant de l'aimée.
O gentille âme! étant tant estimée,
Qui te pourra louer qu'en se taisant?
Car la parole est toujours réprimée,
Quand le sujet surmonte le disant.

En achevant, le royal auteur présente le papier à maître Clément. — Ma foi, je ne ferais pas mieux, moi qui m'en pique, dit le poète après avoir lu ; et il dépose ces vers à côté du sonnet italien, dans la boîte de plomb sur laquelle la tombe se referme.

Le chevalier fidèle aux lois de la galanterie, le trouvère inspiré par de nobles souvenirs, viennent de se montrer: tous les deux s'éclipsent pour faire place au monarque. Un officier s'approche vivement sur un signe du roi, et en reçoit l'ordre de compter aux religieux qui desservent l'église, une somme de mille écus d'or, afin d'ériger un tombeau digne d'elle à l'amante de Pétrarque.

LE VOL. — 1730.

La royale volonté de François Ier n'a point été remplie; les religieux ont reçu la somme de mille écus d'or, gage de la piété du monarque envers la mémoire de Laure, mais aucun monument n'a été élevé; la chapelle de la Croix offre toujours le même aspect. Au milieu des soucis du pouvoir, le prince ne s'est point informé de la réalisation de son vœu; Clément Marot lui-même a cru que les religieux ont obéi, et il a célébré, par des vers, la munificence de son roi.

Cependant la visite de François a appelé l'attention des voyageurs éclairés, et leur a prescrit, en quelque sorte, un pèlerinage au tombeau de Laure. Les noms les plus illustres figurent dans cette liste, qu'ouvre si dignement le nom du captif de Pavie. La cupidité des religieux a calculé tous les avantages de cette sympathie; un tribut levé sur les visiteurs augmentera désormais les ressources du couvent, et ira rejoindre le don du monarque.

Afin d'atteindre plus facilement ce but, la boîte de

plomb, le sonnet italien, les vers de François et la médaille découverte par Maurice de Sève, tous ces objets sont tirés du tombeau, et déposés dans la sacristie où les voyageurs les contemplent.

Un étranger, un Anglais, a montré une ardente curiosité devant ces précieuses reliques. Admirateur passionné de Pétrarque, il recherche, il étudie toutes les traces de cette existence si bien remplie : l'amant et le poète, voilà surtout ce qui l'intéresse, ce qui l'absorbe. A ce titre, rien de ce qui concerne Laure ne peut lui être indifférent.

Avant de sortir de l'église, l'Anglais s'est penché vers l'oreille de son *cicerone*, du sacristain Bassi, et, lui glissant une pièce d'or dans la main, a proféré quelques mots à demi-voix. Bassi refuse d'abord, il semble se défendre ; on dirait qu'il repousse avec indignation la proposition qui lui est faite. Mais l'étranger fixe son œil pénétrant sur les traits du sacristain, et lui montre une longue bourse en soie verte ; à travers les mailles écartées on voit briller l'or qu'elle renferme. La résolution de Bassi a chancelé ; un éclair d'avarice anime sa physionomie terne ; une grimace en guise de sourire se dessine sur sa large bouche. — A minuit, dit l'étranger ; à minuit, répète le sacristain, et ils se séparent brusquement.

La douzième heure a sonné : le silence et le calme règnent dans Avignon ; tout dort, et d'épais nuages ont voilé dans le ciel les rayons de la lune ; jamais nuit plus favorable pour accomplir un larcin. Un homme d'une haute taille, enveloppé d'un manteau, frappe mystérieusement à la petite porte de l'église des Cordeliers. Elle s'ouvre. Bassi paraît, tenant une lanterne sourde à la main; il en dirige la lueur sur l'homme au manteau, et reconnaît le seigneur anglais. Ils traversent rapidement la nef, et se dirigent vers la sacristie. L'échange s'opère; la bourse d'or est au pouvoir de Bassi; l'étranger a caché sous son manteau la boîte de plomb et la médaille.

Heureux de sa double conquête, il s'élance sous la voûte; il lui tarde de respirer un air libre et pur, de quitter Avignon, de mettre en sûreté son trésor. Tout-à-coup il s'arrête; il a reconnu la chapelle de la croix, il y entre, il se prosterne sur la tombe de Laure, et prononce quelques mots en anglais. Bassi ne peut les comprendre; mais, à l'inflexion de la voix, on croirait que l'étranger implore le pardon de l'ombre de l'amante du poète, on croirait qu'il lui promet une réparation solennelle. C'est à la fois une prière et un serment.

LA RÉPARATION.

Le peuple avait eu lui aussi son jour de royauté, royauté semblable à la lave du Vésuve qui brûle et finit par féconder. Oubliant tous les bienfaits de cette religion divine qui a brisé les fers de l'esclave, qui a consacré les titres de l'humanité, ce roi aux mille têtes, se précipita dans l'église des cordeliers, non pour y renouveler l'hommage du captif de Pavie, du monarque poète et soldat, que Bayard avait armé chevalier. Un déplorable vertige, une rage instinctive de destruction, un reflet des météores qui épouvantèrent jadis le monde romain sous le nom d'Attila, voilà ce qui poussait alors les masses populaires à entasser débris sur débris, à faire de la France une table rase. Cruelles furent les pertes d'Avignon.

Heureusement que la tombe de Laure ne fut point profanée par une multitude égarée qui, dans sa soif d'égalité, eût regardé la beauté comme une aristocratie qu'il fallait proscrire d'un sol nivelé par la herse des révolutions. Déjà cette tombe avait été ouverte en présence d'un officier municipal et du substitut du procureur de la commune d'Avignon, à l'époque où un décret de la Convention ordonna d'exhumer les ossements ensevelis dans les églises et dans les cimetières intérieurs pour les transporter au champ du repos, désormais placé, au nom de la salubrité publique, hors de l'enceinte des lieux habités. On ne trouva dans la tombe de Laure que neuf dents et quelques cheveux, qui furent précieusement recueillis par des mains pieuses.

Lorsque brillèrent des jours meilleurs, lorsque la France respira sous un pouvoir jeune et fort, Avignon s'empressa de renouer la chaîne des temps; deux noms devinrent l'objet d'une espèce de culte, noms sacrés, noms magiques, Pétrarque et Laure, qui vibrent harmonieux au fond de tous les cœurs avignonnais, comme l'éternel emblème du génie et de la beauté, de l'amour et de la vertu.

Culte stérile, qui n'a su ni conserver, ni relever le Tombeau de Laure; culte stérile, qui s'exhalait en vaines paroles, tandis que le génie de la destruction frappait de son marteau l'église des Cordeliers, et qui plus tard a laissé prendre à un étranger, à un Anglais, l'initiative de la réparation.

Il a fallu que M. Charles Kelsall vînt à Avignon, pour que l'on connût la place où reposait jadis la dépouille mortelle de l'amante du poète. Un cippe en pierre, élevé par les ordres et aux frais de cet étranger, désigne aujourd'hui ce lieu sacré; sur une plaque de marbre, on lit cette inscription :

> Quò clarius notescat locus,
> Tàm indigenis quàm peregrinis,
> Ubi requiescit
> Laura illa Petrarcæ amor,
> Hunc cippum posuit
> Carolus Kelsall, Anglicus,
> Per Avenionem iter faciens,
> Anno sal. MDCCCXXIII.
> Nil ampliùs addere optimè monent
> Nota hæc regii poetæ carmina.

« Afin que les indigènes et les voyageurs connaissent plus clairement le lieu où repose cette Laure, amour de Pétrarque, ce cippe a été érigé par Charles Kelsall, Anglais, passant par Avignon, l'an du salut 1823. Ces vers si connus du royal poète avertissent assez de ne rien dire de plus. »

Au-dessous de cette inscription est gravé le dernier quatrain des vers de François 1er, cités plus haut.

Cet humble cénotaphe est entouré de cyprès, de lilas et de rameaux de vigne, encadrement qui se marie d'une manière admirable avec l'aspect que présentent aujourd'hui le couvent et l'église des Cordeliers. De ce magnifique monument, il ne reste debout que deux chapelles et une partie du clocher. Le gazon a remplacé les larges dalles du pavé où s'agenouillèrent Pétrarque, François Ier, Clément Marot, le chancelier de l'Hôpital et tant de générations de fidèles. Un élégant rideau de peupliers borde le cours de la Sorgue; ainsi des eaux sorties des grottes de Vaucluse murmurent encore dans cet enclos, qu'animent plusieurs établissements industriels, des fabriques, des ateliers, un lavoir; mais où chaque arbre, chaque brin d'herbe transporte l'homme sensible dans un monde de rêve et d'enchantement: car là tout lui parle d'amour et de poésie.

LES FÊTES DE NOËL.

MOEURS AVIGNONNAISES.

Les fêtes de Noël ramènent chaque année parmi nous une de ces solennités populaires où de vieux restes de superstition payenne se mêlent aux touchantes traditions de la religion du Christ. Ces usages répugneront peut-être aux gens du monde dont ils exciteront le superbe dédain; mais l'artiste, le poète, se plaisent dans ces tableaux naïfs. Aujourdhui d'ailleurs, on aime à fouiller dans les souvenirs qui constituent notre nationalité ; le culte du foyer domestique est cher à tous les esprits éclairés. Génération blasée par les raffinements d'une civilisation avancée, nous aimons à remonter le fleuve du temps, ainsi les vieillards se reportent par la pensée aux jours de leur forte et naïve jeunesse.

Combien j'aime les enfants Avignonnais demandant, dans cet idiome provençal si énergique avec ses aspirations aiguës et fortement accentuées ; — *Père, quand sommes-nous aux fêtes où l'on mange tant ?* C'est ainsi que l'enfance désigne dans notre pays les fêtes de Noël ; pour cet âge oublieux et léger, la mémoire de l'estomac devance celle du cœur.

Ne leur enviez pas cette éphémère jouissance, puissants et heureux du monde ! sur 365 jours de plaisirs que vous offre l'année, permettez au pauvre d'en connaître trois ou quatre. Encore ces moments rares et courts, par combien de sacrifices il est forcé de les acheter ! Que de fois l'humble ménage s'est privé d'un meuble, de quelques hardes pour ne pas tromper l'attente de la jeune famille dans ces jours où *l'on mange tant !*

Mais plus de soucis : le 24 décembre est arrivé ; avec lui la joie et le bonheur. Qu'importe que la neige tombe en épais flocons ? on rit, on chante devant un feu pétillant, et chacun attend avec impatience l'heure du banquet. Ne croyez point que le caprice ou le hasard président seuls à ce repas : tout est fixe, immuable. Ainsi faisaient les ancêtres ; ainsi font leurs descendants.

La table est dressée chez l'aïeul ; enfants et petits-enfants accourent à l'envi. Cette table est décorée avec une recherche symbolique. A un des angles, le *Calendaou*, souvenir des kalendes de décembre et de la domination romaine; c'est un large pain dans la pâte duquel on a mêlé du beurre et que surmonte une boule, image de la terre ; sur cette boule est planté un rameau de verdure. Le *Calendaou* est entamé seulement le jour de l'an ; on en donne le premier morceau à un pauvre ; le reste est distribué dans la famille.

Des chandelles barriolées de diverses couleurs éclairent le banquet. Au sortir de la table, on les éteindra soigneusement; car elles doivent servir à tous les repas pendant la durée des fêtes : telle est la règle. A leur clarté, vous pouvez distinguer les mets qui surchargent la table, mets également de convention : de la morue à la provençale, des dorades sur le gril, des cardons, des sarcelles, des truffes, des escargots, des beignets, avec une multitude d'assiettes de dessert, figues, raisins, olives, amandes, nougat rouge, blanc, rose, et une pile de gâteaux au beurre, découpés à jour, qu'on appelle des *fougasses*.

Cependant le chef de la famille a choisi un tronc d'arbre fruitier; l'énorme bûche est apportée en pompe, et placée dans la cheminée sur le foyer ardent, car on attache un présage à la manière dont elle brûle, quoiqu'elle doive durer jusqu'au jour de l'an. C'est le *Cachafio*. S'il ne s'enflamme qu'avec lenteur, pressentiment de mort prochaine pour un des assistants. Le chef de la famille, armé d'un verre de vin généreux, fait une libation et en arrose le *Cachafio,* cérémonie d'origine païenne, mais accompagnée de prières et d'un signe de croix que l'on trace sur cette énorme bûche. Chacun ensuite, par rang d'âge, mouille ses lèvres au verre de libation en prononçant une prière pour appeler la bénédiction céleste sur le repas de la veille de Noël. Tout cela fait, on se met à table, où il faut goûter de tous les mets quel qu'en soit le nombre.

Jugez de la gaîté des convives, du bonheur des enfants : ce foyer où brûle un arbre entier, ces flambeaux étincelants, cette variété de plats, et la plus complète liberté, à ce tableau vous opposerez celui des indigestions qui vont suivre. C'est le revers de la médaille, mais on ne s'y arrête pas ; la semaine est une suite d'accidents de ce genre : quitte à jeûner plus tard.

Arrivent le dessert et les chants ; mais rien de profane ; tout, dans cette soirée, porte un caractère sacré. Alors la plus jeune des filles de la maison, d'une voix fraîche et pure, d'une de ces voix du Midi qui ont le privilége d'aller au cœur, chante un noël provençal de Saboli ou de Peyrol.

Les heures ont fui avec rapidité ; la cloche retentit apelant les fidèles à la maison de la prière ; vîte on court à la messe de minuit.

Le lendemain on revient où l'on a soupé la veille, c'est l'usage ; toutes les fêtes de Noël se célèbrent dans la même maison, on y revient pour manger la *dinde classique*; puis on va visiter les *Nativités*.

Ou je m'abuse complétement, ou de pareils usages ont un charme indicible, le charme des vieilles mœurs, l'attrait de cette époque de nos annales où tout était poétique, où la religion se mêlait aux moindres actes de la vie comme pour les ennoblir. Une civilisation progressive fait chaque jour disparaître ces traces du moyen-âge : elle nous procure une plus grande aisance, plus de luxe et d'agrément. Je n'élèverai point la voix contre cette civilisation fille des lumières et mère de la prospérité publique ; mais qu'il me soit permis de regretter que la poésie et la peinture n'aient point éternisé le tableau dont je viens d'esquisser quelques traits. N'avons-nous pas aussi une patrie aux mœurs pittoresques, aux légendes merveilleuses ? et pour qu'un intérieur de famille nous charme, faut-il qu'il soit reproduit par le pinceau de Teniers ou la plume de Walter Scott ?

LA MADONE DE LA SORGUE.

TRADITION POPULAIRE.

Je visitai, il y a quelques mois, une de ces maisons gothiques qui peu à peu disparaissent et s'effacent de notre cité, remplacées qu'elles sont par des constructions mieux disposées sans doute, mais insignifiantes à l'œil et muettes pour l'imagination. C'était un véritable bijou, une perle sans prix, que cette maison avec sa façade brunie par les siècles, ses élégantes arabesques, ouvrage d'un ciseau fantastique, sa porte vermoulue au cordon en relief, et ses fenêtres en ogive rongées par la mousse verdâtre.

Mais ce qu'elle offrait de plus remarquable, ce qui me frappa, c'étaient ses habitants, ruines humaines en parfaite harmonie avec cette ruine architecturale. Qu'on se figure un vénérable couple, le pendant de Philémon et Baucis, comptant plus de soixante années de mariage, et depuis plus de soixante ans fixé dans cette maison, sans l'avoir quittée un jour, l'immobilité des lieux lares des Grecs et des Romains.

Depuis Nestor, les vieillards sont communicatifs; d'ailleurs je les interrogeais sur leur demeure, sur cette habitation où ils avaient passé tant de jours, dont chaque pierre leur racontait les événements de leur vie, où ils avaient bercé leurs enfants auxquels ils avaient la douleur de survivre : comment ne m'auraient-ils pas répondu ?

Mon intérêt les toucha, et avec cette bienveillance, couronne de la vieillesse, ils me montrèrent en détail *leur maison;* je dis *leur* comme eux, quoiqu'elle ne leur appartînt pas; mais des locataires de 63 ans, il y a prescription : cela vaut un titre de propriété. Dans notre visite, je remarquai une petite niche de la coupe la plus gracieuse où devait figurer jadis une statue de la Madone; mais la niche était vide.

La vieille femme avait suivi la direction de mon regard;

elle fit lentement un signe de croix, et le mouvement de ses lèvres m'indiqua qu'elle priait. Je lui demandai le motif de sa dévotion. — Oh! c'est une merveilleuse histoire, me dit-elle, écoutez :

« Il y a de cela bien long-temps, notre Saint-Père le Pape résidait alors à Avignon : on dit que les troubles de l'Italie l'avaient réduit à abandonner sa belle ville de Rome ; avec le Pape étaient venus des cardinaux, des évêques, des seigneurs. Parmi ces derniers se trouvait un jeune officier plus avide de plaisirs qu'occupé de son salut. A la procession de la Fête-Dieu, il remarqua une jeune fille qui s'appelait Marie comme la Sainte Vierge, et presque aussi belle que la mère du Sauveur. Lorsque la procession eut fini son tour, l'Italien suivit les pas de Marie : elle demeurait dans cette maison, son lit était là en face de la Madone qu'on n'avait pas enlevée alors.

« Marie était orpheline, une de ses parentes occupait l'étage supérieur, et la protégeait, mais la Madone était envers la pauvre orpheline une protectrice bien meilleure.

« L'officier s'éprit d'un violent amour pour cette jeune fille ; il la suivait comme son ombre ; mais elle ne le voyait qu'avec effroi. Il s'adressa à la parente de Marie ; il la gagna par de belles promesses, il lui donna de l'or ; la misérable conspira contre la vertu d'une enfant dont elle était l'appui. Tout fut inutile. Alors elle introduisit secrètement l'officier dans la chambre de Marie. Il était nuit, mais les rayons de la lune, glissant par cette fenêtre élevée, tombaient sur le front de la Madone; Marie dormait sous la sauvegarde de la reine des anges. Tout-à-coup, une voix mystérieuse lui ordonne de s'éveiller, elle ouvre les yeux, et pousse un cri d'épouvante en apercevant un homme dans sa chambre, debout à quelques pas de son lit. Elle a reconnu son persécuteur dont les yeux étincellent dans l'ombre comme les yeux d'un tigre.

« Par pitié, dit-elle, au nom de la mère qui vous
« porta dans son sein, au nom de votre sœur si vous en
« avez une, éloignez-vous, respectez une créature sans
« défense. »

« Bien loin d'être ému par ces touchantes paroles, il s'avançait.

« Mère du Sauveur, s'écria-t-elle les bras étendus
« vers la Madone, venez à mon aide ! »

« Elle disait : un bruit sourd a retenti ; les eaux de la Sorgue qui passe sous la maison s'élèvent, sortent de leur lit et inondent cette chambre. La couche de Marie vogue comme un bateau protégé par l'*Etoile des mers,* tandis que les flots vengeurs engloutissent l'officier et l'indigne parente qui l'avait introduit dans la demeure de l'innocence.

« Ce miracle fut bientôt connu dans Avignon ; le Pape récompensa la vertu de Marie qui avec une riche dot entra dans un couvent ; et il fit porter la Madone dans la chapelle de son palais. »

Tel fut le récit de la bonne vieille, récit que j'affaiblis en le reproduisant.

On conçoit que cette merveilleuse légende avait rendu encore plus intéressante à mes yeux la maison qui en fut le théâtre ; j'y suis retourné hier ; elle n'existe plus. Un *moulinier* de soie a remplacé l'édifice gothique par une jolie fabrique aux blanches murailles avec des contrevents verts. Les deux vieillards ont cherché une autre habitation la mort dans le cœur, quoiqu'on leur offrît un petit appartement au deuxième étage ; et les eaux du miracle font mouvoir des *guindres* et des *tavelles*. J'y ai rencontré de jeunes filles, aussi jolies peut-être que Marie ; mais il est permis de douter qu'elles soient l'objet de l'intervention divine.

LE VICE-LÉGAT

D'AVIGNON.

Ma foi ! c'était un assez joli poste que celui de vice-légat, chargé de gouverner pour le Saint-Siége Avignon et le Comtat-Venaissin. D'abord, le prélat investi de cette dignité, y voyait la promesse d'un chapeau de cardinal; et, du chapeau à la tiare, la distance n'est pas grande, il n'y a qu'un homme à franchir. Indépendamment de cette perspective, les fonctions de vice-légat avaient, par elles-mêmes, beaucoup d'agrément. Eloigné de l'action du gouvernement romain, il n'était pas entravé dans ses projets ; et, comme l'observe le bon Fantoni, quoique placé sur la même ligne que les administrateurs des provinces ecclésiastiques situées en Italie, son pouvoir était moins borné ; de cet éloignement il empruntait plus d'éclat et de réalité.

Telle n'était point l'opinion du maréchal, duc de Villars, gouverneur de la Provence pour Louis XIV.

Le maréchal se rendant à son poste, s'arrêta quelques jours à Avignon ; il était descendu au palais apostolique où le vice-légat lui avait fait le plus noble accueil : malgré les devoirs de l'hospitalité, le duc ne cessait d'adresser de mauvaises plaisanteries à l'excellence italienne.

— Parbleu ! Monseigneur, lui disait-il, vantez tant qu'il vous plaira votre puissance, mais ne la comparez pas à celle que j'exerce au nom du Roi mon maître.

— Pazienza, répondait le vice-légat : mon gouvernement n'est pas à dédaigner. Je ne rencontre ici point d'entraves, aucun conflit de juridiction. L'administration ecclésiastique, civile, judiciaire et militaire relève de moi. Point de parlement qui contrarie mes volontés : à moi seul on appelle des jugements des tribunaux.

— Très bien ! dit le maréchal, avec un sourire de complaisance ; sur combien de lieues carrées s'étend votre autorité ? Voyons, tout votre Comtat vaut-il un bailliage de ma Provence ?

Le prélat secouait la tête d'un air de doute. Et son antagoniste, sans y faire attention, ajouta avec beaucoup de volubilité : — Vous avez parlé de forces militaires, très imposantes d'honneur ! soixante chevau-légers, trois cents hommes d'infanterie et vingt-cinq suisses de Carpentras...

Le *Monsignor* italien continuait de garder le silence ; seulement il adressa deux mots à demi-voix à un de ses aumôniers qui sortit aussitôt.

Au tableau de l'armée papale avec ses soldats munis d'un meuble également utile contre le soleil et contre la pluie, le héros de Denain allait opposer la liste des régiments français stationnés dans la Provence ; en ce moment un bruit de cloche retentit, et des chants lugubres se firent entendre.

— Voilà votre véritable force, s'écria le maréchal, la milice ecclésiastique ! Encore, en fait de processions notre ville d'Aix l'emporte de beaucoup sur Avignon.

Et pour en juger, traversant l'appartement, il se rendit sur le balcon qui domine l'entrée du palais apostolique ; il fut suivi par le vice-légat.

Ce n'était point une procession. Un autre spectacle, un spectacle de mort avait réuni une foule immense sur la place du Palais. En face de la porte d'entrée, le bourreau, aidé de ses valets, préparait l'infâme gibet, l'arbre de la loi, comme disent les Anglais. Cependant, de l'escalier des prisons, descendaient les pénitents de la Miséricorde, fidèles à leur noble institution ; ils accompagnaient le patient au supplice. Tout-à-coup, sur un signe du vice-légat, le cortége de mort s'arrête, le recteur des pénitents avance au pied du balcon, et le vice-légat prononce le mot de *grâce*. Tous les apprêts du supplice sont suspendus : — *Il a sa grâce ! Vive Monseigneur le Vice-Légat !* s'écrie le peuple enchanté, ce même peuple qui venait contempler les convulsions de l'agonie, et apprendre comment un homme est jeté vivant dans les bras de la mort.

— Eh bien ! dit le vice-légat à son adversaire, que pensez-vous des prérogatives dont je jouis ? faites-en autant dans votre gouvernement !

Comme il n'y avait personne avec les deux excellences sur le balcon, nous ne pouvons transmettre à nos lecteurs la réponse du maréchal. Tout ce que nous savons c'est qu'il assura une pension à l'homme qui venait d'échapper à la mort, et que la misère avait porté à voler.

LE JEUDI-SAINT

A AVIGNON.

Nous sommes toujours fidèles aux souvenirs de la longue domination du saint siége ; oui, nous sommes encore des Italiens de Rome par le luxe de nos cérémonies religieuses, par l'ordre, l'élégance de nos processions, par nos confréries de pénitents gris, blancs, noirs, par ces mille détails qui, à presque toutes les heures de notre vie, attachent une empreinte poétique et sacrée.

Les gouvernements ne savent pas donner au peuple des fêtes nationales; toutes leurs tentatives en ce genre n'ont abouti qu'à de froides représentations, qu'à de mesquines parodies : heureux encore le peuple qui n'a à se plaindre que de son ennui par ordre, et que le pouvoir n'avilit point en lui jetant à la tête des lambeaux de viande salée, ou en l'arrosant du vin de l'ivresse !

Combien la religion chrétienne est plus grande dans son but, mieux inspirée dans ses moyens ! Il est vrai qu'elle descend du ciel sur la terre; et que, dans son pèlerinage ici-bas, elle a toujours son regard fixé sur son divin berceau. — Pouvoirs absolus, gouvernements constitutionnels, républiques même, demandez à la religion des fêtes, ou bien mettez sous sa consécration vos prétendues solennités, pour que son auréole resplendissante pare et déguise le prosaïsme de vos efforts.

Et dans cette semaine si bien nommée Sainte à cause du sacrifice qu'elle rappelle, à cause de ce sacrifice qui fut la rédemption du monde, duquel date la véritable liberté, quoi de plus touchant que ce Jeudi, espèce de halte de pompe et d'enchantement au milieu de la douleur !

Muettes et silencieuses, les cloches de nos basiliques se taisent; les enfants, dans leur langage naïf, disent qu'elles sont parties pour Rome; au moment, où retentiront les chants de triomphe et de résurrection, ces mêmes enfants iront sur la plate-forme du *Rocher des Doms*, épier le retour des cloches voyageuses. Partout les emblèmes du deuil, et quel deuil que celui qui emprunte les accents de Jérémie! qui s'exprime par ces sublimes lamentations, écho vibrant d'une douleur surhumaine! Enfin, sur l'autel, la face du Christ est voilée par un crêpe funèbre.

C'est au milieu de ce concours d'images de mort et de regrets, c'est au milieu de ce grand veuvage de l'Église chrétienne que vient briller plus vif, plus attendrissant, l'éclat des cérémonies du Jeudi-saint.

Ah! qui ne se rappelle avec une émotion toujours nouvelle cette messe où revit en quelque sorte la représentation fidèle, animée, des actes du Sauveur du Monde, dans cette journée qui précéda les épreuves de la Passion! Qui ne se souvient de ces douze pauvres auxquels l'officiant lave les pieds en mémoire des apôtres et de leur divin chef? Et ces autels resplendissants de pierreries, parés de fleurs printanières, où étincellent mille bougies à la flamme bleuâtre, où le Calice et le Saint Sacrement voilés réveillent des pensées lugubres, et tempèrent la solennité de la fête; ces autels, que le peuple, inspiré par son admiration, nomme des *Paradis*, comment les oublier!

La population avignonnaise se répand à flots pressés dans les rues; on court, on se presse, on se heurte; chacun tient à accomplir en entier le cercle du pèlerinage urbain, à ne pas manquer de visiter une paroisse, une succursale, une chapelle, une confrérie. Des quartiers ordinairement déserts pendant le reste de l'année, prennent un aspect animé, grâce à la foule qui les sillonne, à ce flux, à ce reflux d'hommes, de femmes, d'enfants qui, sur leurs traits, dans leur démarche, comme sur leurs vêtements, portent un air de fête tempéré par je ne sais quoi de grave, de méditatif, de religieux. Les femmes surtout laissent percer ce caractère de deuil pieux jusques dans les recherches de leur toilette. Vienne la Fête-Dieu : alors la mode et le luxe étaleront sans réserve les plus riches atours ; alors les Avignonnaises brilleront dans tout leur éclat. Pour le Jeudi-saint, la vanité féminine est arrêtée dans son essor. On dirait que chacune de ces ferventes pèlerines ressemble à la Sainte Thérèse de Gérard, si chrétiennement coquette avec sa guimpe et son bandeau monastiques.

Ce serait pourtant se hasarder un peu que d'attribuer exclusivement à la religion le mouvement de la Rome française. Sans doute, chez la majorité des habitants, chez le peuple au cœur duquel vivent des croyances sincères, dont la foi simple, naïve, vraie, n'a point été modifiée par les sophismes des soi-disants esprits forts, ou par l'absurde influence du respect humain ; chez ce peuple qui travaille et prie, qui lutte et espère, le sentiment de piété domine tous les autres. Mais à côté de cet or pur se glissent quelques bijoux de cuivre.

PANORAMA INTÉRIEUR.

LES GRANDS-JARDINS ET LES PRAIRIES DE L'HOTEL-DIEU.

Notre Avignon est la ville des contrastes : voilà ce qui lui donne une physionomie spéciale, un type caractéristique avec lequel manquent les termes de comparaison. Où trouver par exemple dans une autre cité, au milieu de nos mœurs modernes et de l'activité de construction qui se développe sur tous les points de la France, où trouver des prairies et des jardins, comme nous offre le quartier de l'Hôtel-Dieu ?

Vous êtes dans une ville fermée de remparts, vous circulez dans un labyrinthe de rues étroites bordées de maisons basses qui vous transportent au village ; à droite, à gauche des instruments aratoires, des tas de fumiers, des charrettes qui prennent la voie publique pour remises : tout-à-coup vous vous trouvez devant un mur peu élevé, vous franchissez une grande porte ; adieu le village, adieu la ville ; la campagne vous environne.

De larges haies vives encadrent un petit sentier, et derrière ces haies s'étendent des portions de terrain admirablement cultivées, plantées d'arbres fruitiers, coupées par des rigoles d'irrigation. On dirait une ferme-modèle tant il y a de variété dans les produits de ce vaste enclos, subdivisé en cinquante enclos de diverses dimensions ; tant chaque système de culture est merveilleusement approprié à la nature du sol ; tant le sol se fait remarquer par le luxe et l'énergie de sa végétation. Là, quelques toises carrées de terrain se vendent littéralement au poids de l'or : là se succèdent les récoltes en dépit de la sécheresse ou de l'excès de pluie; là se tait la bise elle-même.

Deux ou trois granges bien rustiques, un puits à roue et la paix qui règne dans cet enclos achèvent de compléter l'illusion ; je n'y passe jamais sans me croire au sein des champs, sans oublier la ville, que j'aperçois pourtant de tous côtés avec ses toits inégaux, du milieu desquels se détachent brusquement des dômes, des clochers, des tourelles.

Mais sortez des *Grands-Jardins* (c'est ainsi qu'on les désigne ,) tournez le dos à la ville , marchez vers les remparts ; la scène change , un spectacle ravissant se déroule sous vos yeux. C'est une nappe de prairies, encadrées de saules à la pâle verdure, dont les racines se baignent ordinairement dans de fraîches eaux.

Quelquefois, tous les ruisseaux qui bordent les prairies de l'Hôtel-Dieu, sont à sec ; et cependant la verdure n'en a pas moins de fraîcheur. Cette verdure repose agréablement la vue, et n'expire qu'à quelques mètres des remparts dont la teinte délicieuse rappelle l'influence d'un climat ami, d'une lumière dorée, d'un soleil méridional, sur ces pierres si riches de tons et d'effets. Un petit chemin bien agreste conduit jusqu'aux remparts ; les saules qui le bordent d'un côté ont été découronnés de leurs rameaux ; à peine aperçoit-on au sommet du tronc quelques feuilles qui semblent protester contre la cupidité qui dépouille ces pauvres arbres de leur parure.

Suivez mon exemple, quittez vite ce chemin, ces saules mutilés, et venez vous adosser aux remparts de manière à embrasser d'un coup d'œil toute l'étendue des prairies , et à plonger par quelques percées dans les Grands-Jardins.

Quel panorama ! et contre l'habitude, au lieu de dominer le panorama, de le contempler du haut d'une colline , c'est d'en bas que vous en étudiez tous les plans ;

la ville se dessine en demi-cercle autour de cette nappe de verdure dont vous occupez le centre. A droite s'élève la façade de l'Hôtel-Dieu, qui ne manque ni de grandeur ni d'harmonie malgré le caractère un peu prétentieux de son architecture, caractère qui dénote assez le style du dix-huitième siècle. Un peu plus loin, montent dans les airs, les flèches sveltes et légères des clochers des Augustins et des Carmes; puis des amas de maisons de toutes les tailles, de toutes les nuances, des toits, des terrasses, de petites tours élégantes, annonçant l'ancienne résidence d'un cardinal, et une ligne perpendiculaire dominant toits, tourelles, clochers. C'est la plate-forme du Rocher-des-Doms, où l'œil distingue de loin comme une raie de gazon terne et brûlé, au-dessus duquel se déploient les grands bras du télégraphe.

Vu de ce point, le Rocher-des-Doms paraît bien nu, bien triste; ce télégraphe achève de l'enlaidir; il a quelque chose des gestes raides et saccadés d'un spectre. En revanche, voici la sainte basilique, Notre-Dame-des-Doms, et sa jolie coupole aux élégantes colonnettes, Notre-Dame qui se confond avec la masse colossale du palais des papes, réunissant ainsi deux époques de l'art chrétien, l'architecture romane et ogivale.

Les ignobles fenêtres carrées qu'a exigées la destination actuelle de ce magnifique monument du passé, ces fenêtres nuisent un peu à l'effet de l'ensemble, au grandiose de l'édifice; elles coupent en étages symétriques les hardies ogives, dont on suit encore l'élan, malgré le mur qui remplit leurs courbes gracieuses. Le ton des pierres récemment employées, tranche aussi par sa fade blancheur avec la nuance feuille-morte des constructions du quatorzième siècle.

Néanmoins, cet aspect intérieur, si je puis parler ainsi, produit un juste sentiment d'admiration, sentiment que ne détruit point le souvenir de la façade occidentale, si imposante, si magique.

Les clochers de Saint-Pierre, de l'Hôtel de Ville, de Saint-Didier, de Saint-Martial avec son élégante terrasse, complètent l'hémicycle du côté gauche, moins riche que l'autre partie de la ville, mais qui se termine de la manière la plus pittoresque par la tour à demi-ruinée des Cordeliers, cette tour à l'ombre de laquelle reposaient jadis la belle Laure et le brave Crillon, et qui ressemble aujourd'hui à un guerrier mutilé gardant un cénotaphe.

UNE SOIRÉE A AVIGNON.

Avez-vous jamais traversé la place du palais des papes, de notre monument, de ce monument, la plus belle parure d'Avignon? Avez-vous traversé cette place par une soirée tranquille où le vent du Nord ne fait pas entendre ses rugissements? Que l'admirable façade occidentale du palais soit plongée dans une masse d'ombres, à travers lesquelles l'œil ne la distingue que confusément, ou bien

PALAIS DES PAPES.

qu'elle se détache brillante, argentée par les molles lueurs de la lune; peu importe, votre imagination sera fortement émue; vous vous arrêterez malgré vous, le passé tout entier renaîtra, évoqué par vos fantastiques rêveries.

Quelle histoire en relief que ces murs gigantesques, que ces audacieuses ogives, que ces colossales arcades dont l'enchaînement atteste la puissance du Saint-Siége pendant le quatorzième siècle! Que de larmes, que de sang ont coulé derrière ces murailles silencieuses! Les larmes n'ont pas laissé de trace sur la pierre, ni sur le sol; mais le sang, il y est encore, il est là incorruptible témoin, éternel accusateur.

Pendant que vous déroulez ainsi anneau par anneau la chaîne des temps, et que dans ce travail qui vous absorbe vous oubliez les soins du présent, vous planez dans l'espace, voici un roulement de tambours qui interrompt votre essor, qui vous ramène brusquement sur la terre. L'évocation magique s'évanouit.

Souvenirs des pontifes qui résidèrent sous ces voûtes, d'où leur parole ébranlait le monde chrétien; chants suaves de Pétrarque; pures créations du pinceau de Giotto; stérile et tardive justification de Jeanne de Naples, la Marie Stuart du Midi; pompes augustes de la religion; scènes de deuil; chambre des tortures; cachots infects; grandes ombres de Catherine de Médicis, de Henri IV, de Richelieu, de Louis-le-Grand, de Villars, des hôtes illustres qui visitèrent ces lieux, tout s'éclipse. Vous ne voyez plus que la caserne d'infanterie, une caserne avec la régularité de sa discipline austère, le pas mesuré des sentinelles, le mot d'ordre, les rondes, l'appel, et ces mille détails qui donnent à l'habitation de nos guerriers quelque chose de l'aspect d'un cloître.

Vous vous éloignez en essayant de ressaisir vos rêves échappés ; vous vous éloignez pour vous dérober aux roulements des tambours qui battent la retraite. Ils se taisent enfin. La grille s'est refermée ; et cette brusque transition du bruit au silence n'est pas sans charmes.

Tout-à-coup les clairons remplissent le vieux monument de leurs notes aiguës ; ils vibrent retentissants, et l'appel de ces voix de cuivre s'harmonie merveilleusement avec le calme de la nuit, avec l'aspect du gigantesque édifice, avec l'état de votre âme.

Ce son qui porte au loin l'heure de la retraite, qui hâte le retour du soldat, ce son devient comme un conducteur électrique pour vos pensées, il les reporte aux jours écoulés ; ne dirait-on pas les plaintes, les soupirs, les cris et les chants du génie de ce palais, racontant les mille scènes du grand drame dont il fut le théâtre ?

D'UNE ÉCOLE

DES BEAUX-ARTS

A AVIGNON.

 Les Beaux-Arts, et j'emploie ce mot dans sa plus rigoureuse, dans sa plus stricte acception, les Beaux-Arts jouent un grand rôle, occupent une large place dans l'existence des nations civilisées; pour elles ils ne constituent pas seulement un besoin de l'intelligence, un élément de bonheur, un principe de gloire; sous ce rapport, ce serait de la poésie, du luxe, une superfétation que les esprits positifs voudraient effacer et proscrire en se demandant : à quoi bon ? Mais il y a mieux dans les arts ; ils touchent à tous les ressorts de la société physique, politique, civile ; ils peuvent être considérés comme une des bases de ce gigantesque édifice que nous appelons *civilisation*.

Au fait, l'homme n'est pas né pour l'existence végétative d'une plante : même dans l'état primitif de nature, alors qu'il n'obéit qu'à ses besoins matériels, il est souvent travaillé par des désirs vagues, assailli par des rêveries sans but. Hasard ou calcul, qu'il vienne à fixer sa tente nomade, qu'il s'attache au sol, qu'il sente se développer l'instinct de la propriété, que la tribu patriarcale construise une ville, se donne des lois et forme un peuple ; aussitôt surgissent de nouvelles relations, de nouveaux intérêts. Les arts apparaissent au bord de l'horizon.

Il y a désormais une religion avec ses rites, une patrie avec ses institutions ; à la première, des temples, des autels ; à la seconde, des édifices, des monuments : l'artiste tient à la fois du prêtre et du législateur.

Mais la société s'agrandit : le commerce rapproche les peuples ; au système incomplet des échanges succèdent des transactions plus faciles à l'aide de valeurs monétaires, lesquelles à leur tour seront modifiées par l'admirable invention des juifs, cherchant à dérober leurs richesses aux mains avides de leurs persécuteurs ; les arts se vulgarisent en quelque sorte, ils descendent de la haute position où ils se trouvaient les interprètes de la religion et de la patrie. Les voilà admis au foyer domestique, hôtes des grands dont ils embellissent la demeure, dont ils charment les ennuis, dont ils satisfont les caprices, ils finissent par pénétrer sous le toit le plus obscur. Leur influence se mêle à tous les métiers utiles : elle guide le maçon qui, en sifflant, équarrit un bloc de pierre, comme le serrurier qui bat sur l'enclume le fer amolli par le feu.

Nous sommes arrivés aujourd'hui à l'ère de popularité des Beaux-Arts ; sans cesser de prêter leurs inspirations aux monuments de la religion et de la patrie, ils ont pris une direction d'utilité et d'universalité qui ne permet pas aux gouvernements de les négliger, de les oublier. Comme instruments d'améliorations matérielles, ils se placent sur la même ligne que les sciences mathématiques, physiques et chimiques. Intime est leur connexion : les rapports qui lient entre elles l'agriculture et l'industrie ne sont pas plus étroits.

Manger, boire, dormir, cela s'appelle vivre ; mais au point où finissent ces besoins matériels commence une chaîne de besoins intellectuels qui veulent aussi être satisfaits. Les méconnaître, ce serait méconnaître la double nature de l'homme, ce serait le ravaler au-dessous des castors.

Les arts agissent donc doublement dans l'état comme

élément constitutif. Entre les mains d'un pouvoir habile, leur prestige peut corriger de mauvaises lois, effacer de déplorables souvenirs, cicatriser de profondes blessures. Demandez à Périclès, à Auguste, à Léon X, à François Ier, demandez surtout à Louis XIV. Croyez-vous que Versailles et la colonnade du Louvre, le dôme des Invalides, les statues de Puget, les pages de Lebrun ne forment pas un des plus beaux fleurons de la couronne du grand siècle ? La France n'a-t-elle pas gravé sur ses fastes, dans un glorieux pêle-mêle, les noms de Poussin et de Turenne, de Lenostre et de Vauban, de Mansard et de Colbert, de Lesueur et de Lamoignon, de Riquet et de Condé ?

Au milieu des merveilles de l'épopée napoléonienne, David, Girodet, Gros et Gérard ne se posent-ils pas noblement en face des législateurs qui discutaient le code, des grands capitaines qui guidaient nos héroïques armées ?

Les uns et les autres, toutes les supériorités, Napoléon les admettait indistinctement à son intimité ; lui, géant d'action et de pensée, qui voyait toutes les gloires servir de piédestal à sa statue ; lui qui traçait de la même main le plan de bataille d'Austerlitz et le dessin de la colonne de la grande-armée ; lui qui éclairait de ses illuminations soudaines et Cambacérès et Merlin, et Brongniart et Talma ; lui qui aurait voulu faire du grand Corneille un prince de l'empire, et qui disait à David de le peindre *calme sur un cheval fougueux*. Comme Auguste, comme François Ier, comme Louis-le-Grand, il encouragea les arts, il les plaça sous l'aile de son aigle : féconde fut la couvée. Les miracles du ciseau grec, les trésors des écoles d'Italie firent du Louvre un panthéon artistique; pas un dieu de la statuaire et de la peinture ne manquait à ce musée de la victoire, à ce sanctuaire du génie.

Un jour de revers, une erreur de la fortune nous ravirent le fruit de cent combats; mais, malgré tant de pertes cruelles, Paris conserva le sceptre des arts. Ils furent peut-être mieux compris, cultivés avec plus d'ardeur : car le système représentatif, en donnant une valeur réelle à chaque individualité, en autorisant toutes les ambitions, avait agrandi le champ de l'intelligence. D'ailleurs, la France respirait après vingt-cinq années de guerres, et quelles guerres ! Plus d'une main déposa l'épée pour prendre la palette du peintre ou le ciseau du sculpteur. Au fait, il ne pouvait en être différemment; la chute du colosse avait tué la poésie du champ de bataille, la poésie en relief de l'empire; il fallait bien qu'elle étanchât à une autre source sa soif de gloire, cette génération qui avait reçu l'éducation d'Achille et sucé la moëlle des lions : or, Achille, au sortir du combat, prenait la lyre, et, dans les arts de la paix comme dans les travaux de la guerre, se montrait le premier des Hellènes.

Jamais la France n'avait compté tant d'artistes, jamais

ne s'étaient élevées tant d'écoles, jamais plus hardis essais, plus aventureuses innovations : la France, je me trompe, c'est Paris qu'il faut dire, Paris où afflue toute la vie intellectuelle, où se font les réputations, où verdit le laurier du triomphe. Et pourtant à Paris le talent manque d'espace, d'air et de soleil ; il a besoin du pèlerinage de Rome, des grands aspects de la campagne de la ville éternelle, des riches horizons, de la lumière dorée d'une contrée méridionale. Il court en Italie, et ce qu'il va chercher bien loin, il le dédaigne en France.

A Dieu ne plaise que je prétende attaquer l'Académie fondée à Rome par Colbert et Louis XIV, admirable institution placée sous l'invocation du grand ministre, du grand roi, dans la *villa Médicis*, comme pour faire rejaillir sur le génie de nos artistes le reflet des siècles de Louis et de Léon X ; admirable institution consacrée d'ailleurs par cent soixante-huit années d'existence, ou pour mieux dire, de triomphes ! Qu'elle grandisse encore en renommée, qu'elle multiplie les perles de sa couronne ! Au nom de la France, au nom d'Avignon, j'applaudirai doublement ; mais, sans toucher à l'arche sainte, pourquoi ne pas créer sur divers points du royaume de nouvelles écoles des Beaux-Arts ?

Parmi les cités qui conviennent à une institution de ce genre, aucune ne se présente dans la lice avec les ressources, les titres et les droits d'Avignon. Je parle ici dans toute la sincérité de mon cœur, abstraction faite de ma piété filiale pour la ville qui m'a vu naître ; je parle comme un amant de la nature et des arts qui arrive à Avignon pendant la dernière quinzaine de mai. La beauté du climat, l'harmonie des lignes, les teintes chaudes et vaporeuses des lointains, la transparence de l'air, le luxe, l'air de fête de toute la campagne donnent un avant-goût des contrées méridionales de l'Italie. D'heure en heure, le soleil, le premier des peintres, arrange des tableaux qui réveillent l'idée des plus heureuses pages de Claude Lorrain, développées sur de gigantesques proportions. Que ce voyageur passe par Avignon en se rendant à l'Académie de France à Rome, il sera toujours prêt à s'arrêter sur notre sol, à y planter sa tente en s'écriant : Rome est ici.

Les souvenirs historiques, les vieux édifices du passé, les mœurs populaires, le langage des habitants, leur physionomie, la pompe des cérémonies religieuses : tout se réunira avec l'aspect de la campagne, pour prolonger, pour compléter son illusion.

Combien de sujets d'études, combien de modèles pour le paysagiste ! Ici, la chaîne du Lubéron avec les déchirures dentelées de ses rochers qui semblent calculées pour le plaisir des yeux et forment un magnifique encadrement à une plaine, véritable oasis de verdure, où serpente la Durance que l'on prendrait de loin pour un ruban argenté. Là, le Mont-Ventoux, représentant des pics alpestres, aux flancs gracieusement arrondis, au turban de neiges, se détachant sur l'azur du ciel. Au pied du Rocher-des-Doms, cet admirable panorama qui n'a pour rival en Europe que le panorama de Constantinople ; les deux branches du Rhône avec l'île riante et fertile le long de laquelle courent les flots sonores ; puis la ville de Saint-André, la tour bâtie par Philippe-le-Bel, le vieux fort, à demi-démantelé, dont les pierres ont revêtu les plus belles teintes feuille-morte ; enfin le fleuve qui disparaît à l'horizon, comme si ses ondes réunies n'avaient plus qu'à se perdre dans la mer.

Que demander encore à l'Italie ! Ce qu'on lui demande à cette terre classique des arts, ce sont les monuments de la grandeur romaine, les trophées, les aqueducs, les cirques, les théâtres, les tombeaux, les temples, les palais, tous ces édifices qu'entassait le peuple-roi, jaloux de multiplier les traces de son passage, comme s'il pressentait les invasions des barbares, comme s'il était troublé dans ses rêves de fête, dans ses voluptés sanglantes, dans ses combats de gladiateurs, par le hennissement de la noire cavale du roi des Huns, de l'implacable Attila.

Ce qu'on demande à l'Italie, ce sont les œuvres de Raphaël, de Michel-Ange, de Dominiquin : à la couronne qu'elle tient de l'art antique, n'a-t-elle pas ajouté les trésors de l'âge de la renaissance, semblable à une jeune reine qui pare avec coquetterie son diadème de perles et de diamants ? Comme le vieil Eson, l'art y a puisé une jeunesse, une existence nouvelles dans le sang des martyrs : au nom du christianisme, il a affranchi Rome des tributs qu'aux jours de sa plus haute fortune elle payait au génie captif de la Grèce : le siècle de Léon X a éclipsé celui de Périclès.

Allez donc en Italie, jeunes artistes, mais n'oubliez pas que la Gaule narbonnaise est couverte de monuments de la grandeur romaine; n'oubliez pas qu'autour d'Avignon, dans un rayon de quelques lieues, vous trouvez l'arc de triomphe et le théâtre d'Orange; à Nismes, les Arènes, la Tour-Magne, et la Maison Carrée que Mansard voulait enfermer dans une boîte d'or; à Carpentras, à Cavaillon, à Vaison, à Apt, à Saint-Remy, de nombreux vestiges de cette architecture, dont le secret semble perdu; à Arles, les richesses d'une cité impériale, entassées avec amour; enfin, sur les bords du Gardon, ce triple pont aqueduc, jeté entre deux montagnes, dans un désert, et que la brûlante imagination de J. J. Rousseau n'avait pu atteindre dans ses rêves.

Si Avignon ne possède plus de vestiges de la domination de Rome impériale; si, à force de passer de main en main, comme une monnaie courante, notre ville a perdu sa parure des jours antiques, Rome chrétienne l'a amplement dédommagée. A dater du moment où la politique astucieuse de Philippe-le-Bel ravit le saint-Siége à l'Italie pour le fixer en France dans une honorable captivité, à dater de ce moment, nos pères, devenus les hôtes de Clément V, en attendant d'être les sujets de ses successeurs, virent changer d'aspect une cité qui avait besoin de s'agrandir, de s'étendre, de s'embellir pour répondre à ce titre pompeux de capitale du Monde chrétien.

Alors s'élevèrent comme par enchantement les tours colossales du Palais des Papes; l'ogive s'enlaça à l'ogive; la flèche aérienne des clochers monta vers le ciel comme pour y porter la prière des fidèles; chaque maison eut sa madone de marbre ou de pierre; chaque rue, sa chapelle; chaque quartier, son église; des centaines de cloches faisaient entendre à la même heure leur voix sonore, leur pieuse harmonie. Au milieu de ce mouvement, de toutes ces constructions, la ville avait enjambé sa vieille enceinte; précisément les murailles étaient renversées et les fossés comblés, depuis la résistance qu'Avignon avait opposée aux armes de Louis VIII, et depuis la terrible sentence fulminée contre la ville rebelle par le cardinal légat Romain de Saint-Ange. Les blessures qu'un pape avait faites, les Papes se chargèrent de les guérir.

Une élégante ceinture de remparts enferma la ville renouvelée, rajeunie, l'empêchant d'éparpiller plus loin ses maisons, ses couvents, ses hospices, la forçant de se replier sur elle-même, et de compléter la métamorphose par le luxe intérieur de ses édifices. L'aurore de la renaissance commençait à poindre en Italie; élève de Cimabue, précurseur du divin Raphaël, Giotto se rendit à Avignon, il y vint à la voix de Clément V, et son pin-

CROIX DE MONTEUX.

Chaubron.

Lith. Magny. Avignon.

ceau y multiplia les traces du grand artiste. Ce fut comme le premier anneau d'une chaîne sans fin : pour l'art, en effet, le sommet des Alpes s'était abaissé, Avignon était une ville italienne. Simon de Sienne, Memmi, y résida à son tour et se lia d'une glorieuse amitié avec Pétrarque, sous les traits duquel il peignit le Saint-Georges du péristyle de Notre-Dame-des-Doms.

Le fils d'adoption de Giotto, Tommaso di Stephano, que les contemporains surnommèrent *Giottino*, car le génie du maître revivait en lui, ne négligea point le pèlerinage d'Avignon : malgré les outrages du temps et les ravages cent fois plus meurtriers des hommes, les voûtes du palais conservent encore quelques-unes des fresques qu'il leur confia. L'impulsion était donnée ; elle subsista même après le retour du Saint-Siége en Italie, lorsque Avignon eut cessé d'être la Rome française. Légats et vice-légats se firent tous un devoir d'appeler les grands artistes italiens, de les favoriser, d'employer leur ciseau, leur pinceau, de contribuer à l'éclat d'une ville, toujours chère aux Souverains Pontifes, qu'ils traitaient avec une prédilection toute spéciale, expliquée par la position d'Avignon enclavée au milieu d'un grand royaume étranger.

Tant de germes devaient fructifier sous l'influence du soleil du midi et en tombant sur un sol fertile, au milieu d'une population qui avait dans le cœur du sang hellène et romain. Avignon, d'abord tributaire du génie italien, eut à son tour ses artistes indigènes formés par les leçons vivantes ou par l'étude morte des œuvres de Giotto, de Memmi, de Giottino. Ces études mortes, le talent sut les vivifier. La tradition, les annales populaires du passé ne nous ont point transmis la liste des illustrations Avignonnaises; l'histoire laisse à cet égard une lacune de plusieurs siècles, mais au défaut de noms, nous avons encore les productions; elles sont là pour attester nos richesses, pour nous consoler de notre deuil, pour justifier nos rêves d'avenir.

Assurément, parmi les centaines de monuments religieux dont s'énorgueillissait notre cité, tableaux, fresques, reliefs, statues, tout n'était pas l'ouvrage exclusif d'artistes italiens. Nos ancêtres réclament aussi leur part de gloire; et sans la tempête révolutionnaire qui a jonché notre sol de tant de débris, nous pourrions encore retrouver des noms de concitoyens, des traces fraternelles qui feraient battre nos cœurs d'une pieuse émotion.

Les Mignard, les Parrocel, les Vernet, les Peru, les Sauvan, les Franque n'ont pas surgi tout-à-coup, sans antécédents, sans devanciers, sans précurseurs. Telle n'est point la marche de l'humanité.

Avant l'apparition de ces artistes, la carrière était ouverte. Ils ne venaient pas tous de l'autre côté des Alpes, les hommes qui avaient décoré le tombeau du cardinal la Grange, ceux qui avaient sculpté toutes ces délicieuses figurines que nous retrouvons dispersées par le vandalisme de la Terreur, arrachées au sanctuaire dont elles faisaient l'ornement.

L'âge de la renaissance, plus tardif pour Avignon que pour l'Italie, dut un peu suivre dans notre cité les phases de l'art français. Sans doute les générations intelligentes durent précéder les artistes; il fallut des protecteurs, des *dilettanti delle belle cose;* mais sans la transition de l'enfance et de l'adolescence comment expliquer la virilité de l'art dans l'Avignon du dix-septième siècle ?

Et pourtant nul ne contestera cette virilité : l'époque où florissait Mignard voyait aussi se développer le génie de ce Jean Guillermin qui pétrissait l'ivoire, qui donna aux Pénitents de la Miséricorde son image du Christ pour racheter les jours de son neveu. Cette rançon du condamné, ce prix attaché à l'œuvre du statuaire, et quel prix ? une existence d'homme ! voilà de quoi prouver la sympathie de nos pères pour les créations du génie ; voilà peut-être le plus beau triomphe remporté par un artiste.

La facilité de rapports avec l'Italie, les habitudes du gouvernement papal, le luxe d'une cour (car le vice-légat était presque un souverain indépendant), la présence d'un nombreux concours d'étrangers de distinction, enfin, les immenses richesses des corps religieux, toutes ces considérations achèvent d'expliquer les ressources d'Avignon sous le rapport artistique.

De politique, de guerre, d'administration pas un mot :

cette fièvre moderne ne tourmentait nullement nos pères. Ils avaient de doux loisirs ; leur religion était un tissu de fêtes splendides ; l'inquisition n'existait pour eux que de nom ; et les modiques impôts, prélevés par les agents du fisc, étaient loin de suffire aux dépenses d'un pouvoir qui ne s'appuyait cependant que sur une armée de soixante chevau-légers, de trois cents fantassins, et de vingt-cinq suisses du Comtat. Rome suppléait avec une générosité maternelle au déficit de notre budget.

Dans une semblable situation, avec un commerce borné dans son essor par les lignes de douanes qui les entouraient de toutes parts, les Avignonnais et les Comtadins se livrèrent avec bonheur à des travaux auxquels les conviaient et la tournure de leur esprit, et la nature du climat, et la direction du gouvernement qui les régissait.

Le goût se forma, l'instinct devint sentiment, le sentiment, passion ; et toutes les âmes d'élite, que ne pouvaient satisfaire les réalités d'une existence au jour le jour, calme, paisible, sans orages, se réfugièrent dans cette seconde vie que créent les Beaux-Arts.

Il est des plantes qui s'acclimatent facilement sous toutes les latitudes : inondez-les de soleil et de rosée, ou bien mesurez-leur la lumière et l'onde d'une main avare, jetez-les en pleine terre, ou confinez-les sous une cloche de verre, elles réussissent toujours ; elles se couvrent de fleurs et de fruits ; mais il n'en est pas ainsi des Beaux-Arts. Cet arbuste, à la fois délicat et vivace, meurt en serre-chaude, et lorsqu'il a rencontré un sol ami, résiste au souffle des tempêtes. Des rois puissants ont en vain tenté de le naturaliser dans leurs capitales, cet arbuste aux produits immortels ; à Avignon, ni les années dans leur cours, ni les révolutions avec leurs sanglantes péripéties, n'ont pu l'empêcher de fleurir. Les jours qui précédèrent et qui suivirent notre réunion à la France amenèrent pourtant un immense deuil pour les arts.

Rien ne fut épargné par cette rage de destruction qui rappelle les souvenirs des empereurs iconoclastes de Constantinople ; heureusement que des hommes de bien intervinrent. Par de pieuses ruses ils conservèrent quelques chefs-d'œuvre, ils les dérobèrent à la proscription qui envelopait les églises, les monastères et les riches galeries de notre noblesse, laquelle avait si bien suivi l'exemple de l'aristocratie italienne en protégeant les peintres et les sculpteurs, en s'entourant de leurs productions. Le Christ d'ivoire des Pénitents de la Miséricorde fut caché dans un puits par un Avignonnais qui exposait sa tête pour conserver ce trésor, dont il ne s'est regardé que comme le simple dépositaire.

Enfin des jours plus heureux brillèrent sur notre pays ; la France put se reposer de ses longues agitations, à l'ombre des lauriers du conquérant de l'Italie, du héros de l'Egypte : aussitôt Avignon s'occupa du soin de recueillir les débris de ses richesses artistiques.

Un musée fut formé dans l'enceinte de l'ancien palais archiépiscopal, et pour joindre à l'étude des grands modèles l'autorité des leçons vivantes, notre conseil municipal vota l'établissement d'une école publique et gratuite de dessin dans le même local que le musée. C'était le plus heureux rapprochement : dans ce palais où un Médicis donna jadis l'hospitalité à François Ier, semblaient revivre les enseignements et les traditions des plus beaux siècles de l'art moderne en Italie et en France. Précisément ces deux types avaient pu se rencontrer à Avignon comme à Fontainebleau, comme à Chambord. Qui nous dit que Primatice et Léonard de Vinci n'aient pas commencé par Avignon leur pèlerinage en France? Qui nous dit que Jean Goujon ne soit pas venu méditer sur nos monuments et nos galeries ? Ne trouvons-nous pas dans notre cité des traces du passage des plus grands maîtres ?

Au sanctuaire des arts il fallait une clef de voûte, ou pour mieux dire, un homme ; car toute institution de ce genre doit se résumer dans un homme sous peine de demeurer sans résultat. Cet homme, le magistrat de la cité, M. Puy, le maire-modèle, se chargea de le trouver ; il se nommait Pierre Raspay.

Pierre Raspay, né à Avignon en 1748, avait fréquenté l'atelier du grand Vernet ; il avait connu Balechou ; il avait respiré, grandi au milieu d'une atmosphère imprégnée d'inspirations artistiques. Son frère avait partagé les mêmes idées, subi la même influence, et tous les deux avaient fait le pèlerinage de Rome.

A l'aspect des monuments de l'antiquité, en contemplant les miracles du ciseau grec, sous les loges du Vatican, au milieu des sublimes compositions de l'Italie moderne, Pierre Raspay avait à la fois formé son goût, son imagination et sa main. Il avait appris à éviter le style prétentieux d'un âge corrompu par les pastiches de Boucher et de Vanloo; l'autorité du génie n'avait point manqué à sa jeunesse. Dans le même temps se trouvaient à Rome et Vien et David, le précurseur et le messie de la grande révolution qui allait régénérer l'Ecole française, en la ramenant à la nature, à la vérité.

Ce que David était pour Paris, Raspay le devint pour Avignon. Pendant vingt-quatre années consécutives son influence a plané sur la cité qui lui avait confié ses générations naissantes. Son caractère, ses études spéciales, ses connaissances littéraires et anatomiques, ses manières tour à tour remplies de bonhomie et de causticité où perçait par moments une légère teinte de cynisme, la naïveté de sympathie d'un cœur d'or, tout lui donnait un irrésistible ascendant sur ses élèves : ses élèves, c'était la jeunesse Avignonnaise en masse. Depuis l'an IX jusqu'au mois de mars 1825, quel est l'Avignonnais qui ne se soit pas assis sur les bancs de l'Ecole de Raspay? Quel est celui d'entre nous qui ne lui ait pas voué un culte de reconnaissance ? Point de distinction de rang ni de fortune; le talent seul classait les élèves, et malheur à celui qui ne montrait aucune disposition! dans sa rude franchise le maître lui interdisait d'inutiles travaux, de stériles efforts.

Il serait trop long de signaler ici tous les noms des élèves remarquables formés par Raspay; j'en citerai pourtant deux, dont les succès sont un objet d'orgueil pour Avignon : les frères BRIAN, lauréats qui ont su conquérir l'accès de l'académie de Rome, de cette *villa Medicis* où ils ont trouvé, pour les accueillir et pour diriger leurs études, le digne petit-fils de Joseph Vernet, cet Horace que la France a placé à la tête de ses jeunes artistes comme un drapeau vivant.

LE CHRIST

DE LA

CHAPELLE DE LA MISÉRICORDE

A AVIGNON.

⸺⸻

Ce Christ, exécuté en ivoire par un artiste du 17me siècle, est l'objet de l'admiration de tous les êtres accessibles au sentiment du beau ; c'est un chef-d'œuvre dans l'acception la plus rigoureuse de cette expression. Plusieurs fables ont couru sur son auteur ; accréditées par l'ignorance et par cette disposition générale des esprits à adopter le merveilleux, elles ont été répétées par maints voyageurs, consignées même dans quelques écrits ; mais il me sera facile de rétablir la vérité des faits.

On a prétendu que ce Christ était l'ouvrage d'un criminel condamné à mort, qu'il abrégeait ainsi les longues heures de la captivité, et qu'il finit par obtenir sa grâce. D'abord cette version, toute poétique qu'elle est, n'offre aucune vraisemblance. Rarement un cachot prête à l'inspiration, surtout pour un sculpteur dont les ouvrages se composent de deux parties bien distinctes : l'imagination et l'exécution matérielle. En même temps on peut invoquer un témoignage irrécusable.

L'auteur de ce Christ se nommait Jean Guillermin ; il a consigné lui-même sur son propre ouvrage son nom, la date, 1659, le pays, Avignon. Voici maintenant le récit des circonstances qui firent passer ce chef-d'œuvre au pouvoir de la confrérie des *Pénitents de la miséricorde*. Cette confrérie était chargée du soin des prisons, et d'accompagner les patients au supplice. Parmi les prérogatives que lui conféraient ses statuts, elle jouissait du privilége d'obtenir chaque année la grâce d'un condamné à mort. Un neveu de Jean Guillermin se trouvait dans ce cas, il allait périr, sa sentence était prononcée ; le sculpteur offrit à la confrérie son Christ pour racheter la vie de son jeune parent. L'échange fut accepté.

Ainsi, du vivant même de Jean Guillermin son talent fut apprécié. Il jouit de sa gloire. Ses contemporains le comprirent tout entier. La vie d'un homme, quel prix inestimable ! Jamais plus noble salaire fut-il payé à un artiste !

Mais quel fut ce Guillermin dont le ciseau obtenait un pareil triomphe ? Quel fut ce statuaire devant lequel fléchissait la rigueur des lois, qui arrachait une victime à la hache du bourreau ? On l'ignore. Tout ce que l'on connaît sur son sort, c'est qu'il habitait Avignon ; sans doute il y était né (1). Ce chef-d'œuvre est la seule trace de son passage qu'il ait laissée dans nos murs. Elle suffit à sa gloire; pour nous, elle excite à la fois notre orgueil et nos regrets. Il existe à Vienne (Autriche), dans le Cabinet de l'Empereur, deux vases en ivoire d'une beauté ravissante, signés du nom de Guillermin, et datés du dix-septième siècle. Nul doute que ce ne soit notre Guillermin.

Maintenant, si je voulais donner une idée même imparfaite de cette figure, je ne pourrais que déplorer l'impuissance des paroles. Il faudrait le burin de Bervic, pour traduire le Christ de Guillermin comme le Laocoon. Dans une hauteur de 26 pouces, fait d'une seule pièce d'ivoire, cet ouvrage n'a pas souffert du passage des années. On dirait qu'il sort de l'atelier. Les bras seulement sont ajoutés ; et l'artiste a eu le soin d'en faire de rechange, que l'on conserve en cas d'accident.

(1) Son atelier était situé *Place du Change*, dans la maison qu'occupe aujourd'hui M. Rouvière.

Vérité anatomique, sublimité de la pose, expression poétique, perfection des détails, jusqu'à l'apparence de la circulation du sang, tout est là. Ce qui montre l'inspiration, c'est que l'Homme-Dieu respire encore. Et que dire de cette figure si belle, si vraie, qui présente deux aspects, sans que l'ensemble de la physionomie soit détruit ? Du côté droit, les traits souffrent, la pupille de l'œil est fortement contractée ; une ride profonde, empreinte au-dessus du sourcil, trahit la nature de l'homme. Faites un pas, regardez la partie gauche de la face : plus de douleur, rien de terrestre, le Dieu se révèle, il s'élance vers le ciel, et vous reconnaissez celui dont le dernier soupir deviendra le salut du monde.

Pendant les sanglantes saturnales de la révolution, à cette époque de deuil où les arts eurent tant de pertes à déplorer, surtout dans Avignon, des mains pieuses dérobèrent ce précieux monument du génie aux coups de nos Vandales. Il reparut plus tard, mais on ne le montrait qu'avec un sentiment de méfiance ; on craignait pour lui le sort des chefs-d'œuvre de l'Italie ; on redoutait que notre Christ ne fût réclamé par le Gouvernement, pour aller grossir les richesses du musée impérial. A cette époque, l'immortel Canova passa à Avignon ; il resta plusieurs heures en extase devant l'ouvrage de Guillermin. Enfin, il s'écria : « Conservez-le avec soin ; on ne vous en ferait plus un pareil. » Ainsi parlait l'homme dont le ciseau a enfanté la *Magdeleine*.

LA MARQUISE DE SÉNAS.

TRADITION AVIGNONNAISE.

Plus de joie, plus de festins, plus de danses folâtres à l'hôtel de Sénas. A la fleur de l'âge, comblée de tous les avantages réunis de la naissance, de la fortune et de la beauté, la marquise de Sénas languit en proie à une maladie douloureuse qui déjoue tous les calculs, toutes les ressources de la science. La voilà étendue sur son lit d'agonie, pâle, les yeux voilés, luttant contre la mort; à peine peut-on dire : *Ce fut une rose.*

Elle ne murmure point contre les décrets immuables de Dieu, elle se courbe avec résignation sous la main qui la frappe : vivre était pourtant si beau ! Se séparer brusquement d'un époux chéri, mourir lorsqu'elle allait le rendre père, lorsque dans son sein elle portait un gage de leur chaste tendresse ! Si du moins, cet enfant tant désiré, tant aimé, avait vu le jour, elle descendrait sans regret dans la tombe; sa carrière serait remplie, épouse et mère.....

Oh ! comme ces pensées vibrent plus cruellement au cœur du marquis de Sénas ! comme il gémit sur cette double existence que la mort va briser à la fois ! car il a perdu toute espérance. Il ne se dissimule pas le danger, il suit d'un œil inquiet le progrès du mal; quelques heures encore, épouse, enfant, il aura tout perdu.

La Religion a apporté ses consolations sublimes, elle est venue ennoblir la mort et l'empreindre du sceau de l'éternité. Au marquis, à sa compagne elle a rendu moins douloureuse l'heure des adieux, de ces adieux qui ne sont pour les chrétiens qu'un *au revoir*, que le prélude d'une immortelle réunion.

C'en est fait : le glas funèbre a tinté; un vieux prêtre, qui jadis fit couler l'eau du baptême sur le front de la marquise, a passé la nuit en prière auprès de ce corps froid et glacé, auquel le trépas n'a pu ravir sa grâce et sa beauté : au point du jour commencent les cérémonies des funérailles.

La paroisse de Sainte-Magdeleine est tendue de noires draperies sur lesquelles brillent de grosses larmes d'argent ; les chants ont cessé ; le cercueil descend dans le caveau destiné à recevoir la dépouille mortelle des Sénas ; la foule se disperse et s'écoule. De vieux serviteurs, des pauvres dont elle soulageait la misère sont venus s'agenouiller sur la pierre qui scelle ce caveau, et prier pour la marquise. Enfin la nuit arrive ; les portes sont fermées, le silence règne dans l'église de Sainte-Magdeleine dont une lampe qui brûle devant le maître-autel trouble seule l'obscurité.

Quel est cet homme qui s'avance lentement, posant un pied furtif sur les dalles du pavé, comme s'il craignait à chaque pas de réveiller un écho ? C'est le sacristain de la paroisse de Sainte-Magdeleine. Dans la matinée, il a remarqué à la main gauche de la marquise de Sénas une bague enrichie de brillans ; ce bijou a éveillé sa cupidité ; pour la satisfaire il va profaner la sainteté des tombeaux.

Il se penche sur la pierre du caveau, il la soulève avec effort ; le souvenir de la bague double son énergie ; il franchit rapidement les marches glissantes de l'escalier funèbre, il est en face de la bière, il en écarte les ais mal joints, il déchire le linceul et son cœur ne palpite pas plus vîte, et il n'éprouve aucun sentiment de crainte ; les diamans qui étincellent dans l'ombre du caveau absorbent toutes ses facultés.

Il la touche enfin cette bague objet de ses ardents désirs, pour laquelle il a tout bravé ; mais un obstacle invincible l'empêche de s'en emparer ; le doigt de la marquise, prodigieusement enflé, ne lui permet pas de ravir ce trésor. Il se fatigue, il s'épuise en efforts inutiles. Sa cupidité exaltée au plus haut degré par le contact des diamants, ne calcule plus rien. — Qu'importe, se dit le profanateur des tombeaux, qu'importe une mutilation sur un cadavre ?

Et il s'arme d'un couteau à la lame large et affilée, il frappe... La violence du coup et de la douleur a dissipé la léthargie profonde qui donnait à la marquise de Sénas les apparences de la mort ; elle pousse un cri, et se lève du cercueil. A ce mouvement, le sacristain croit que le ciel a permis, pour le punir, cette apparition ; il fuit, laissant tomber son couteau.

Cependant la marquise interrogeait ses souvenirs, et promenait autour d'elle des regards étonnés. Peu à peu elle comprit toute l'horreur de sa situation : la nuit, au fond d'une tombe, avec ses lambeaux de linceul funéraire ! elle se sentit défaillir. Tout à coup, elle se souvient de l'enfant qu'elle porte, il lui a semblé distinguer un léger mouvement. — Mon fils ! s'écrie-t-elle, et le sang circule dans ses veines. Elle se prosterne, adresse à Dieu une fervente prière ; ensuite plus rassurée, elle pose ses pieds nus sur la pierre humide et glacée. Le couteau, instrument du crime, lui sert à déchirer son linceul; elle se hâte de sortir du caveau et de l'église; la porte que le sacristain, dans son effroi, a laissé entr'ouverte, lui ouvre un libre passage.

Elle respire l'air pur, c'est maintenant qu'elle renaît à la vie. Les rues sombres et silencieuses sont seulement éclairées, de distance en distance, par les lampes qui brûlent devant des Madones; mais le sentiment maternel la guide au milieu de la nuit.

Enfin, elle heurte à la porte de son hôtel; un domestique ouvre machinalement, à moitié endormi; glacé de terreur à l'aspect de ce fantôme, il laisse tomber sa lampe. La marquise s'élance vers la chambre de M. de Sénas.

Comment peindre leurs explications, entrecoupées de larmes et d'actions de grâces !

Il y avait quatre mois que cet événement s'était passé lorsque la marquise accoucha d'un fils qui devint à son tour père de famille, et duquel le peuple Avignonnais disait dans son langage naïf :

Moussu dé Sénas
Qu'ei mor avan d'estré na.

LA FÊTE DE SAINT-JOSEPH

A AVIGNON.

Ce jour dont nos pères saluaient le retour avec tant de plaisir, ce jour qui constituait, au milieu des rigueurs du Carême, une halte de fête, n'est plus rien pour les générations actuelles. Et pourtant quelques années à peine nous séparent de l'époque où, fidèles héritiers des vieilles traditions avignonnaises, nous célébrions gaiement la fête de Saint-Joseph.

On se rendait en foule à l'île de la Barthelasse, on épiait les premiers réveils du printemps; puis, arrivés au château, les pèlerins de Saint-Joseph se dispersaient. Ici se formaient des danses compassées, réglées par le goût de la ville; là, des rondes rustiques auxquelles prenaient part les jeunes filles de la Barthelasse, au teint un peu hâlé, à l'œil noir, à la démarche gracieuse, et dont la beauté contribuait à l'empressement des visiteurs. Plus loin, comme pour servir de cadre à ce bal improvisé, des groupes de parents et d'amis s'asseyaient sur la pelouse, et expédiaient un champêtre repas.

Chaque année reparaissaient les mets consacrés par un antique usage: la fine omelette au petit salé, la salade avec le croûton de pain frotté d'ail, le fromage frais saupoudré de sucre, autant de productions indigènes de l'île de la Barthelasse. De la ville, on apportait un vin généreux, du pâté froid et l'indispensable saucisson, ce précurseur, ce hérault des fêtes de Pâques.

En 1816, en 1817, j'ai fait le pèlerinage de Saint-Joseph: et moi aussi, comme le pâtre de Poussin, je puis dire: J'ai vécu en Arcadie, *et ego in Arcadiâ*. Qu'est devenu ce joyeux usage? Qu'est-ce qui a remplacé la promenade, si chère aux Avignonnais?

Lorsque les vieillards nous racontent les souvenirs de leur jeunesse, ils ont, pour peindre cette fête, des paroles touchantes, des couleurs pleines de charme; alors en effet, la fête de Saint-Joseph était comme un hommage rendu au printemps, comme un adieu à l'hiver. Nos pères, qui portaient si légèrement la vie, qui ignoraient nos dissensions politiques, qui conservaient jusques sous les cheveux blancs l'heureuse incurie de l'adolescence, nos pères endossaient tous l'habit de printemps. Ainsi l'ordonnait l'usage. Et si l'hiver rugissait encore, qu'importe? on avait échappé à son influence pendant tout un jour.

Peu à peu disparaissent et s'effacent toutes ces fêtes qui jetaient tant de poésie sur l'existence de nos pères; les classes populaires y sont long-temps restées fidèles, mais à leur tour elles subissent l'influence des nouvelles mœurs. Pourtant, le souvenir en est toujours cher aux Avignonnais.

Mais on ne ravive point de pareils usages : lorsque la chaîne des traditions est brisée, il est difficile, il est impossible d'en souder un anneau. C'est comme un vase hermétiquement fermé où furent déposés des parfums orientaux. Une fois ouvert, l'odeur s'évapore par degrés jusqu'à ce qu'il n'en reste plus rien, jusqu'à ce que ce vase qui renferma les trésors de la toilette d'une sultane devienne aussi prosaïque qu'un vase sorti hier du fourneau.

Pourquoi la civilisation se montre t-elle, dans ses progrès, hostile envers notre passé, si beau, si richement coloré? Ne peut-on pas innover et conserver? La destruction, est-ce donc une condition première des conquêtes d'un peuple? Dans nos sociétés modernes, entièrement matérialisées par l'industrie, où tout se résume par des chiffres; où les hommes ne sont que les chiffres barrés d'une multiplication complexe, il serait doux de faire refleurir les naïfs enchantements et les pittoresques

LA VENGEANCE DU LÉGAT.

TRADITION POPULAIRE.

Il est des récits que l'histoire dément, qui ne reposent sur aucun titre authentique, et qu'il est difficile de déraciner des croyances populaires. Ces récits ont passé de génération en génération ; on vous montre le théâtre, on vous signale chaque circonstance, on cite même des preuves matérielles; et pourtant, les érudits, les savants, les hommes de recherches laborieuses, de longues investigations, vous disent: c'est une fable.

La multitude sourit à cette incrédulité appuyée sur des parchemins poudreux, sur d'énormes in-folio, elle vous répond avec ses mille et mille voix : Pourquoi nos pères nous auraient-ils trompés?. Dans quel but cette déception?

Voilà ce qui arrive dans notre Avignon, la ville aux traditions et aux légendes, voilà ce qui arrive au sujet du terrible drame connu sous le nom de *Vengeance du Légat*. C'est en vain que se taisent les archives de toutes nos grandes familles, c'est en vain que tout s'accorde pour détruire ce fait; l'opinion publique s'obstine; la vengeance du légat forme une des pages de notre histoire locale.

Je voulus un jour en contester l'authenticité devant un Avignonnais de la vieille roche; il entra dans une véritable colère, et m'entraînant dans le Palais, il me montra une grande salle aujourd'hui divisée en trois immenses dortoirs superposés : Ici, me dit-il, s'accomplit cette terrible tragédie; ces murs en portent encore la trace. Demandez le nom de cette salle, tous nos compatriotes vous répondront d'une commune voix : c'est la *Salle brûlée*; et à quelques pas s'ouvre l'entrée du souterrain qui favorisa la fuite du légat.

Que répondre? Mieux valait se taire, et écouter le

drame auquel je fus tenté d'ajouter une foi entière, car les paroles du narrateur empruntaient du prestige des lieux une irrésistible autorité.

Rome avait ressaisi ses antiques droits de métropole du monde chrétien ; dans Avignon, déchue d'une partie de sa splendeur, un légat remplaçait le souverain pontife. Ce légat exerçait un pouvoir presque illimité ; aussi un de ses neveux, emporté par la fougue des passions, crut que ses moindres désirs seraient des lois pour la population soumise aux ordres de son oncle.

Le jeune homme brûla d'une flamme adultère pour une dame qui appartenait par sa naissance et par le rang de son mari à la plus haute noblesse du Comtat. Elle rejeta des vœux qui outrageaient sa vertu. Il persista dans ses coupables desseins. Larmes, prières, sollicitations, brillantes promesses, rien ne fut épargné ; tout fut inutile.

Alors, s'abandonnant à toute l'impétuosité de son amour, il se livra aux plus déplorables excès ; il employa la violence pour flétrir une femme fidèle à ses devoirs. L'infortunée sentit qu'elle ne survivrait pas à sa honte involontaire ; la Religion lui défendait de s'armer du poignard de Lucrèce ; mais elle imita la noble Romaine en instruisant son mari et sa famille de l'attentat dont elle était victime. Ce soin rempli, elle se retira à la campagne, loin de tous les regards, et là elle s'éteignit dans les larmes.

Sur la tombe de sa noble et malheureuse compagne, l'époux jura vengeance ; à ce serment s'associèrent ses amis. Ils ne tardèrent pas à l'accomplir.

Le coupable était sans méfiance ; il croyait son crime enseveli sous la pierre tumulaire qui couvrait le cadavre de sa victime, de sa victime déjà oubliée pour d'autres amours. Bien loin de garder aucun ménagement, il affichait publiquement ses fantaisies et ses vices.

Une petite poterne, située dans la partie inférieure du Palais, lui ouvrait un libre accès dans la ville ; chaque nuit il s'échappait par cette porte mystérieuse pour rentrer avant le jour. Une nuit il ne rentra point. Le lendemain on l'attendit, mais il ne devait plus y reparaître.

Au moment où le jeune homme approchait de la poterne, où il mettait la clef dans la serrure, deux bras robustes le saisissent ; il voulut prendre sa dague, mais déjà il était enveloppé dans un grand manteau, des liens resserrés enchaînaient tous ses mouvements, et on l'entraîna avec rapidité à l'angle d'une rue voisine.

Là se trouvaient un groupe d'hommes armés : à la lueur d'une lampe qui brûlait devant la statue d'une madone, le jeune homme put reconnaître le mari et les parents de celle qu'il avait si lâchement outragée. Une lueur d'espoir se glissa dans son cœur ; il demanda le combat.

— Vous en êtes indigne, lui dit le frère de sa victime ; une mort infâme, voilà tout ce qui vous est réservé. Mais nous ne voulons pas tuer l'âme en même temps que le corps. Un prêtre est là pour recevoir vos derniers aveux, et vous réconcilier avec le ciel.

Le prêtre s'approcha ; le jeune homme frémissait d'indignation. Il tenta un dernier effort.

— Mais vous oubliez que ma mort sera vengée, vous oubliez que mon oncle dispose ici de l'autorité suprême, qu'il saura découvrir et frapper mes meurtriers.

— Assez de paroles. Nous n'avons plus qu'une heure pour terminer notre tâche ; ton oncle s'acquittera ensuite de la sienne. Peu nous importe une fois que tu seras puni !

Il fléchit alors le genou, mais les prières ne pouvaient sortir de ses lèvres crispées ; il ne murmurait que des mots vagues, incohérents ; une sueur glacée inondait son front.

— Le moment est arrivé, dit le frère de la victime, celui qui semblait le chef du complot : mon père, avez-vous rempli votre mission ?

Le prêtre remua la tête, et du geste montra le patient, incapable d'écouter ses pieuses exhortations, dominé par les angoisses et les terreurs du trépas.

— Eh bien ! que sa damnation retombe sur sa tête !

A ces mots, un nœud coulant serra le cou du jeune homme, on le hissa à quelques pieds du sol, et après deux ou trois convulsions, il expira.

Puis les vengeurs se dispersèrent, emportant leur secret. Le cadavre fut découvert. Le légat voulut le contempler, repaître sa douleur de cet affreux spectacle, et en présence des restes inanimés d'un neveu chéri, lui aussi jura vengeance. Mais il attendit, épiant une occasion favorable.

Elle ne pouvait manquer de se présenter. Le calme apparent de l'oncle, son attitude et son indifférence au sujet de la mort d'un parent, tout avait rassuré les meurtriers, ils ne redoutaient aucune indiscrétion ; chacun d'eux avait trop d'intérêt à se taire.

Enfin, au jour fixé après un laps de plusieurs années, lorsque tous les détails de leur vengeance furent oubliés, le légat invita à un banquet tous les chefs des familles nobles du Comtat. La table était dressée dans une salle du palais : sur les quatre faces latérales retombaient de larges draperies flottantes, et au centre était placé un baril de poudre de mine.

A ce terrible agent de destruction, connu depuis la bataille de Crécy, le légat avait confié le soin de le venger. Il reçut lui-même les convives, il les fit asseoir aux places désignées, il vit que pas un ne manquait à la fête ; alors, il sortit de la salle, approcha d'une traînée de poudre une mèche embrasée, et descendit rapidement vers l'entrée du souterrain.

Des torches, disposées sous ces voûtes, guidèrent sa fuite, et parvenu au milieu de sa course, il sentit trembler le sol jusque dans ses fondements ; la salle du banquet venait de sauter avec un horrible fracas. L'explosion retentit comme celle d'un volcan, puis tout rentra dans le silence. Parvenu, par cette voie souterraine, de l'autre côté des deux branches du fleuve, le légat prit la fuite, et se réfugia en Espagne.

Ainsi, Babylone et Londres ne seraient pas les seules villes qui se glorifieraient de leur *Tunnel ;* Avignon aurait possédé une de ces gigantesques constructions. Encore une erreur qu'il importe de détruire. Le palais avait bien une voie souterraine, dont l'accès a été récemment muré ; mais cette voie ne parcourait pas un développement de terrain aussi vaste que le prétend l'opinion publique. Elle courait dans la direction du nord-est ; et comme précisément le souterrain passait sous une branche de la Sorgue, du côté des Pénitents de la Miséricorde, il en résultait que quelques gouttes d'eau filtraient à travers la maçonnerie de la voûte : de là, l'idée généralement répandue d'un *Tunnel* pratiqué sous le fleuve.

La salle brûlée a changé totalement d'aspect : trois voûtes superposées en briques à crochets ont été jetées dans sa hauteur ; des murs formant des espèces d'alcoves, des lits de fer, des trophées d'armes annoncent la destination nouvelle de ce lieu. Mais en y entrant, on ne peut se défendre d'une vive émotion. La pensée se reporte involontairement vers ce drame inventé par le peuple, le premier, le mieux inspiré des poètes. On en revoit toutes les scènes ; on croit encore entendre l'explosion, enveloppant l'élite de la noblesse du Comtat dans la vengeance exercée par le légat pour punir les auteurs du meurtre d'un nouveau Tarquin.

LE ROCHER-DES-DOMS.

Où sont ces fées de nos vieux romans de chevalerie, ravissantes créations de la fantaisie de nos pères, dans lesquelles venaient se fondre et se combiner les *Gnin* arabes, les *Péris* persanes dont le charme oriental s'épurait au contact d'une religion spiritualiste ? Où sont et Morgane et Titania, avec leur char formé tout entier d'une fleur et attelé de six lucioles ; où sont-elles pour leur emprunter, pendant quelques instants, leur baguette magique ; cette baguette qui, anéantissant le temps et l'espace, nous transporterait comme par enchantement sur le Rocher-des-Doms ?

Inutile retour vers le passé ! Les fées sont mortes, bien mortes comme les Naïades et les Oréades de l'antiquité qui, malgré le riant génie des Hellènes, n'égala jamais, dans ses superstitions, les gracieuses rêveries de nos Trouvères, ou plutôt des populations naïves sous la dictée desquelles écrivaient les poètes des temps chevaleresques.

Au défaut de la baguette des fées, invitons le voyageur qui ne connaît pas Avignon, à gravir sur la Roche-des-Doms pendant une nuit d'été ; quelques heures d'attente seront vite écoulées : d'ailleurs, les premiers rayons du jour amèneront pour lui un ample dédommagement. De cette modeste élévation, si chère aux Avignonnais, auxquels elle fait comprendre l'affection des Romains pour leurs sept collines, de ce rocher qui monte brusquement à pic sur la rive gauche du Rhône, l'œil embrasse un panorama qui n'a de rivaux que sous le ciel de Naples et de Constantinople.

A l'est et à l'ouest, la ville presse de sa double étreinte les flancs du rocher qui au nord domine le port et le fleuve, tandis que la partie du midi est abritée par la métropole de Notre-Dame et par les tours massives du

Palais. Sans ce vaste rideau, montagne élevée par les hommes comme pour éclipser la montagne ouvrage de la nature, sans ce rideau de pierre, rien ne bornerait la vue qui pourrait s'égarer sur tous les points jusqu'aux bornes de l'horizon. Quoi qu'il en soit, cet obstacle est pour Avignon une parure que nul de ses enfants ne voudrait lui retrancher.

Maintenant, traversons rapidement la plate-forme, sans regarder ni à droite ni à gauche, et gravissons la petite éminence à l'est, que domine une croix. Le signe de la rédemption du monde est admirablement placé sur ce pic, au pied duquel on aperçoit un cimetière, réservé pour les époques d'inondation, alors que les eaux du Rhône sorties de leur lit envahissent la campagne, et ferment la route qui conduit au champ du repos.

Dans ce cimetière reposent les ossements du docteur Calvet, du fondateur de notre Musée, de l'homme de bien et de savoir qui a tant de titres à la reconnaissance de la famille avignonnaise.

Mais l'œil s'égare bientôt sur le vaste horizon qu'il découvre du haut de cette éminence. Lorsque la bise souffle, pour se maintenir sur l'étroit revêtement de pierre qui forme la base de la croix, on est forcé d'embrasser l'obélisque; ainsi appuyé contre l'emblême du grand sacrifice par qui le monde a été sauvé, on ne craint plus la violence du vent. De même le chrétien s'abrite au pied de la croix contre les orages des passions autrement redoutables que ceux de la nature. D'un côté, l'on suit le cours du Rhône qui va porter à la Méditerranée le tribut de ses eaux ; ce lointain rappelle les plus suaves compositions de Claude Lorrain. De l'autre côté, la vue est plus bornée ; les coteaux de Villeneuve et les rochers de Châteauneuf-de-Pape arrêtent son essor, mais dans cet espace limité, quelle variété de richesses, quel luxe de végétation ! D'abord pour premier plan, la branche du fleuve qui forme le port d'Avignon ; puis la Barthelasse que l'on est tenté de prendre pour une immense ferme-modèle à cause de la culture perfectionnée qui exploite ce sol inépuisable ; ensuite les courbes gracieuses de la principale branche du Rhône, et là quelque chose de la physionomie du Rhin. Tout-à-l'heure, c'était Claude Lorrain, maintenant on pense aux délicieux paysages d'Hobbema ou de Ruysdael.

Le fleuve décrit en effet une espèce de golfe qui n'offre nullement le caractère des sites méridionaux : sans la transparence de l'air et l'azur du ciel, on se croirait transporté aux environs de Cologne ou de Mayence. Mais la ligne supérieure vous ramène promptement dans le midi ; impossible de méconnaître l'influence de nos climats dans la teinte du fort de Villeneuve, de la tour de Saint-André et des constructions qui paraissent disposées là en étage comme pour le plaisir des yeux.

L'intérêt s'accroît en raison des souvenirs qui se rattachent à ces constructions. La Tour fut élevée, dit-on, par Philippe-*le-Bel*, qui aurait octroyé des libertés et des franchises municipales à la ville de Saint-André, d'où viendrait le nom de Villeneuve, commun à la plupart des cités et des bourgs que l'intervention royale arrachait à la juridiction féodale par la concession d'une charte et l'établissement d'une commune.

La construction du fort est d'une date plus récente, comme l'indique le style de l'architecture. Pendant les guerres de religion qui désolèrent au seizième siècle le bassin du Rhône, ce fort joua un rôle important : sa position le rendait une des clefs du passage du fleuve, et lui permettait en même temps de maîtriser le pont de Saint-Bénézet dans une partie de sa ligne de développement.

Catholiques et Protestants vinrent tour-à-tour planter leur drapeau sur ces murailles, et s'abriter derrière ces tours. En 1562, le fort se trouvait sous le commandement de Francesco Scarfi, capitaine florentin qui l'occupait au nom du roi de France, et qui le défendit avec succès contre les attaques des religionnaires.

A peu près vers cette époque, sous le règne de Charles IX et la régence de sa mère Catherine de Médicis, la vaste plaine qui s'étend à l'est d'Avignon, fut aussi désolée par le fléau des guerres civiles et religieuses.

Cette plaine commence aux pieds des remparts d'Avignon, elle s'étend en hémicycle dans un rayon de plusieurs lieues, coupées par la Durance, par les canaux de la Sorgue, et par diverses montagnes.

Je le répète, il est impossible de donner une idée même imparfaite de ce panorama; le langage des hommes manque d'artifices; il faut recourir au pinceau du peintre. Encore échouera-t-il dans la reproduction d'une plaine aussi étendue! il devra se borner et choisir.

Presque en face, se dessinent les rochers de Vaucluse que l'on distingue parfaitement sans le secours d'aucune lunette d'approche; ces rochers terminent dignement l'horizon. Aux merveilles de la nature, aux richesses de l'industrie ils ajoutent les séductions de l'amour et le prestige de la poésie.

Après ce rapide examen, le voyageur peut descendre de son observatoire improvisé, et aller étudier les différents aspects des paysages qui se déroulent à ses pieds.

L'île de la Barthelasse, les sinuosités des deux bras du fleuve, le riche bassin que domine le Mont-Ventoux, voilà ce qui fixe le plus long-temps les regards de l'observateur; voilà ce qui lui fait comparer ce panorama avec ceux de Naples et de Constantinople.

Il faut surtout contempler la Barthelasse dans les premiers jours du printemps ou à l'entrée de l'automne : lorsque ses nombreux mûriers n'ont pas encore perdu l'honneur de leur feuillage ou se sont couverts d'une verdure nouvelle, on dirait une nature spéciale, une campagne rafraîchie, ravivée par des rosées bienfaisantes. Partout des traces de végétation, partout l'image de la fertilité; les chemins et les sentiers interrompent seuls cette unité de verdure qui réunit toutes les nuances, depuis les plus sombres jusqu'aux plus tendres.

Quelquefois cette île présente une grande analogie avec la vallée du Nil; le Rhône la couvre dans toute sa surface. Au-dessus de cette immense nappe d'eau qui s'étend de la base du Rocher-des-Doms jusqu'à Villeneuve, surgissent les toits des maisons et les rameaux des arbres; quelques barques sillonnent le fleuve; et Avignon peut se représenter les inondations périodiques du fleuve qui nourrit l'Egypte.

De même, le Rhône en se retirant, laisse derrière lui, sur le sol de la Barthelasse, un limon qui dédommage bientôt le cultivateur; plusieurs récoltes successives compensent par leur abondance les pertes de l'année de l'inondation.

Sur la plate-forme du Rocher-des-Doms s'élevaient jadis quelques moulins à vent, dont les grandes ailes, dans leur mouvement de rotation, animaient le vide de ce lieu, totalement dépourvu d'arbres. Les moulins ont disparu; une petite tour a seule échappé à la destruction; en revanche on a placé un télégraphe sur le point le plus rapproché du port.

Du reste, la plate-forme du Rocher-des-Doms est par elle-même ce qu'il y a de plus aride et de plus désolé. L'absence d'eau y empêche toute plantation; pourtant rien de plus facile que de faire monter sur cette hauteur les eaux du Rhône; alors on y créerait une délicieuse promenade. Des bassins, des cascades en miniature, des arbres du nord et du midi habilement mariés produiraient une variété charmante. A l'est se trouve précisément la partie inférieure, vulgairement nommée le *Trou des masques*, dont le terrain, avec ses heureux et pittoresques accidents, offrirait tant de ressources aux créations de l'art.

Les peuples antiques, les hommes du moyen-âge, qui comprenaient si bien la poésie des montagnes, n'auraient pas négligé de compléter la beauté de ce site; ils y auraient placé un monument que les voyageurs auraient pu saluer du fond de la barque emportée par le fleuve, et que les habitants de la cité eussent aimé à contempler du milieu des nombreuses maisons qui pressent à l'est et à l'ouest les flancs du rocher.

CONQUÊTE D'AVIGNON

ET DU COMTAT-VÉNAISSIN,

PAR LE ROI DE FRANCE.

SOUVENIRS HISTORIQUES.
1768 — 1774.

Des griefs s'étaient élevés entre la France et le Saint-Siége. Louis XV se plaignait des entreprises de la Cour de Rome sur la souveraineté de l'Infant d'Espagne, duc de Parme et de Plaisance. Pour user de représailles et venger les intérêts de son petit-fils, le monarque ordonna, en 1768, au marquis de Rochechouart, lieutenant-général de ses armées, d'occuper militairement Avignon et le Comtat. Deux régiments furent désignés pour cette conquête, le régiment Dauphin infanterie, et Bauffremont cavalerie.

A la nouvelle de l'approche des soldats Français, le vice-légat, gouverneur général de la Ville et du Comtat, surintendant des armées de Sa Sainteté, etc., ne pensa pas à opposer la force à la force. Il prit prudemment la fuite.

Cependant l'armée d'occupation, commandée par le marquis de Rochechouart, fit son entrée triomphante par la porte St.-Michel. Malgré la consternation générale, car le gouvernement du pape était adoré, on assure que les Avignonnais allèrent au-devant des conquérants. Plusieurs dames remarquèrent avec plaisir les officiers du régiment de Bauffremont faisant caracoler leurs chevaux, et l'on dit même que quelques individus chantèrent des couplets commençant par ces vers :

Noble régiment de Dauphin !

L'occupation militaire fut bientôt régularisée ; des commissaires du parlement de Provence vinrent prendre possession de la Ville et du Comtat au nom de Louis XV, et recevoir le serment de fidélité, foi et hommage des consuls, syndics et habitants. Enfin, deux tribunaux, sous le nom de sénéchaussées, furent institués, l'un à Avignon, l'autre à Carpentras, et la justice s'y rendait de par le Roi de France, Comte de Provence, d'Avignon et du Comtat.

Dans cet état de choses, six ans s'écoulèrent. Le temps calme bien des ressentiments, et celui du Roi de France commençait à s'apaiser. D'ailleurs, un nouveau Pape, Clément XIV, avait suivi envers le duc de Parme et de Plaisance une conduite toute différente de celle de son prédécesseur. Ce prince joua le rôle de médiateur entre la France et Rome. Louis entendit la voix de son petit-fils, et par lettres-patentes du 10 avril 1774, scellées du grand sceau de cire jaune sur double queue, le Saint-Siége fut rétabli en possession d'Avignon et du Comtat, avec appartenances et dépendances. Ces lettres-patentes furent enregistrées au parlement de Provence, les chambres assemblées, le 19 avril : trois jours après, l'arrêt du parlement était lu, publié et enregistré au greffe de la sénéchaussée d'Avignon.

Ce fut le signal des fêtes et des plaisirs. Un mandement de l'archevêque d'Avignon, commissaire et vicaire-général du Pape par *interim*, ordonna qu'une messe pontificale et solennelle serait célébrée le 26 avril dans l'église métropolitaine. Trois jours consécutifs furent consacrés à des réjouissances publiques.

Tout était rentré dans l'ordre antérieur à l'occupation par les Français. Les tribunaux de justice, cours, juridictions, demeurèrent tels qu'ils étaient au 11 juin 1768, et les magistrats reprirent leurs anciennes fonctions.

Des chansons avaient accueilli les régiments de Louis XV ; des caricatures signalèrent la chute des juges des sénéchaussées qui rendaient la justice au nom de ce monarque ; voilà bien le peuple ! Maintenant voici un trait caractéristique de la part des Gouvernements. En 1767, le bail de la ferme générale des droits d'entrée d'Avignon s'élevait, par an, à 86,305 livres. Au terme de ce bail, en 1773, sous la domination du Roi, le prix s'éleva à 150,070 livres, traditions que conserva la cour de Rome, puisqu'en 1778 cette ferme fut concédée à 140,100 livres pour les anciennes et *nouvelles* impositions.

LES INCRÉDULES.

PHYSIONOMIES AVIGNONNAISES.

En sortant de la porte de l'Oulle et en tournant à gauche, vous rencontrez l'*Allée des veuves*, dont les arbres ont été en partie arrachés pour faire place à d'élégantes constructions. Il y a un peu plus de vingt ans, cette allée s'élevait alors dans toute sa splendeur; on l'appelait pourtant l'Allée des veuves, quoiqu'elle ne fût fréquentée que par une douzaine d'individus qui y venaient régulièrement dans les quatre saisons de l'année, toutes les fois du moins qu'il ne pleuvait pas.

C'était bien la plus bizarre coterie que l'on puisse imaginer. Je n'essayerai pas de dépeindre la tournure et le costume de ces assidus promeneurs; en faisant des portraits, on croirait que j'esquisse des caricatures; et je dois déclarer ici que je n'aime pas à faire grimacer la noble figure de l'homme.

Les *incrédules*, voilà le nom générique par lequel on désignait alors ces braves gens. N'allez point croire que ce fût une réunion d'esprits forts, renouvelant les entretiens des soupers du baron d'Holbac. Non, non, nos *incrédules* étaient au contraire de fervents catholiques, apostoliques, romains, des Avignonnais de la vieille roche, regrettant au fond de l'âme le bon temps et le gouvernement papal, avec le vice-légat, ses chevau-légers, ses suisses, et tout son entourage. Bien plus, je crois que plusieurs d'entr'eux avaient adopté toutes les rêveries des *Illuminés*.

Leur incrédulité était exclusivement politique. Chaque jour ils se rendaient sous l'arbre de *Cracovie*, et là, chacun apportait son contingent de nouvelles, nouvelles qui leur appartenaient, car ils les fabriquaient eux-mêmes.

Par une exaltation de fidélité, honorable du reste, ces braves gens s'obstinaient à vivre dans un ordre de choses qui n'était plus. Les faits matériels et palpables ne pouvaient ébranler leur robuste scepticisme. — *Mensonges!* s'écriaient-ils en chœur, à chaque victoire de nos armées, à chacune de nos entrées triomphales dans Dresde, Munich, Vienne, Berlin, Madrid, etc. — *Mensonges!* Et pour contrebalancer les récits du *Moniteur* ou du *journal* de l'empire, un des Incrédules traçait sur le sable, avec son parapluie, la position des armées française et étrangère, en accompagnant cette démonstration stratégique de longs raisonnements sur lesquels chacun enchérissait, et à l'appui vingt citations de *Nostradamus*.

Ce qu'il y avait de plus singulier, c'est que les divers membres de cette coterie ne se voyaient que dans l'*Allée des veuves*. Ailleurs, ils étaient séparés par les distinctions de rang et de fortune. Mais là régnait une sorte de franc-maçonnerie. Toutes les lignes de démarcation disparaissaient ; égalité parfaite comme pour les joueurs autour d'un tapis vert.

La police impériale, assez tracassière dans les départements, prit ombrage de cette réunion bien inoffensive. Un des membres les plus influents fut mandé à l'hôtel de la préfecture. Notre département était alors administré par un préfet dont on ne s'est vengé que par une plaisanterie, en inscrivant à son départ, sur sa voiture, ces mots : *Bon pour partir!* qu'il répétait à l'égard de tous les conscrits, même du plus contrefait. Un pareil administrateur n'était pas homme à plaisanter avec les *incrédules;* mais celui qu'il manda avait autant d'esprit que d'originalité. Il parut sans chapeau pour ne pas saluer le représentant du gouvernement impérial ; et par la malice de ses réponses, il fit perdre au magistrat l'envie de jouter de nouveau avec lui.

Ce fut un triomphe pour la coterie ; il fut plus grand encore celui qu'elle remporta à la restauration, à ce moment qui réalisait toutes les prévisions de ses membres. — Eh bien ! sommes-nous donc incrédules à tort, disaient-ils, n'avons-nous pas prophétisé ? Chacun d'eux aussi est mort avec la ferme conviction d'avoir rempli sur la terre la mission d'un prophète.

LES QUATRE HENRI.

AVIGNON. 1574.

Il était nuit, et dans l'Hôtel de Crillon tout avait été disposé pour recevoir d'illustres voyageurs. Dans les vestibules se promenaient en devisant des officiers vêtus aux armes de France, de Navarre, de Lorraine; à l'écart se tenaient quelques serviteurs de la Maison de Condé. La simplicité de leur costume, l'absence de fraises, leur physionomie austère, indiquaient assez qu'ils appartenaient à la religion réformée. La même simplicité se faisait remarquer chez les officiers du Roi de Navarre; mais ils tenaient de la gaieté de leur souverain, et je ne sais quelle vivacité spirituelle semblait donner un démenti à la forme de leurs vêtements.

Cependant le salon d'honneur était occupé par quatre princes appelés à jouer un grand rôle dans l'histoire. L'un était Roi de France : c'était ce faible et incertain Henri III qui avait quitté depuis peu de mois le trône de Pologne, pour venir recueillir la succession de son frère Charles IX. A côté du Roi de France, se trouvait Henri de Bourbon, qu'une éducation héroïque et mâle avait formé pour le bonheur d'un grand peuple. Vis-à-vis les deux monarques, étaient assis Henri, prince de Condé, et Henri, duc de Guise. Debout, derrière les Rois de France et de Navarre, se tenait un jeune guerrier que ses exploits avaient déjà fait surnommer le *Brave*, tandis que son père, le comte Gilles Balbe de Berton s'occupait du soin de veiller aux plaisirs de ses illustres hôtes.

Henri III a demandé à faire une partie de dés; les princes s'empressent de répondre à ce désir; et bientôt, le dé chassé du cornet, roule avec bruit sur une table de marbre blanc. Tout-à-coup, du sang a jailli sur la table; les mains des princes en sont couvertes, sans que rien indique la cause de cette brusque interruption. On se regarde en silence. Le brave Crillon a mis la main sur la garde de son épée. Henri III pâlit, et le Béarnais chante d'une voix pleine de charmes :

> Si la mort nous frappe en chemin,
> Qu'en gais instants la Camarde nous treuve !

Dans le salon était Miron, le médecin de Henri III ; il se pencha à l'oreille d'un courtisan, et lui dit : Savez-vous ce qu'indique ce présage ? Que les quatre princes mourront de mort violente.

En effet, Condé fut empoisonné à Saint-Jean d'Angéli ; Guise fut assassiné aux états de Blois ; Jacques Clément frappa Henri III ; et Ravaillac trancha les jours de ce monarque adoré dont la France bénira sans cesse la mémoire.

DES

CIMETIÈRES D'AVIGNON.

L'organisation des sociétés au moyen-âge fut à la fois religieuse et politique. En France surtout, le pouvoir s'appuya sur la religion : par elle, Clovis, chef militaire d'une petite tribu de Franks, étendit peu à peu sa domination sur les Gaules. En adoptant le christianisme, le général Sicambre eut pour auxiliaires les évêques tout-puissants sur l'esprit des Gallo-Romains; leur secours le fit triompher des Visigoths et des Burgondes qui professaient l'hérésie d'Arius. Ces peuples, bien supérieurs en nombre aux Franks, étaient pourtant établis, depuis plusieurs années, dans une grande partie des Gaules. Aussi, dans notre ancienne monarchie, lois, coutumes, institutions, mœurs publiques et privées, tout trahit l'intime alliance de la croix et du sceptre. Sans invoquer d'autres témoignages, je citerai aujourd'hui le culte des tombeaux et des cimetières placés dans les villes, à la porte de chaque église.

La révolution est venue: on a dit que le voisinage de la cendre des pères était dangereux pour leur postérité; et les ossements ont été exhumés, et de nouveaux enclos situés hors des villes, ont reçu nos dépouilles mortelles.

Avignon, cité papale, comptait sept cimetières paroissiaux; outre ces cimetières publics, grand nombre de familles avaient acquis des caveaux où se mêlaient après le trépas les cendres de ceux qu'avaient unis, pendant la vie, les liens de la parenté; enfin, les couvents avaient leurs tombes particulières. A l'époque de la réunion du Comtat à la France, nos églises paroissiales perdirent leurs cimetières; plusieurs même furent transformés en places publiques. En échange on assigna un emplacement situé auprès de la porte St-Roch, derrière le quartier de cavalerie.

Cet emplacement était mal choisi, et ne convenait

nullement à un cimetière. D'abord, l'objection d'un pareil voisinage subsistait dans toute sa force pour les régiments casernés dans le quartier de St-Roch ; en même temps, le champ du repos était exposé aux inondations du Rhône. Les flots venaient profaner la sépulture des morts ; l'accès du cimetière se trouvait interdit à la piété d'une veuve, d'un orphelin, d'un ami. Et lorsque le fleuve était rentré dans son lit, quel triste spectacle s'offrait aux regards ! les ossements gisaient pêle-mêle souillés de sable et de limon !

Bientôt les rangs se trouvèrent trop pressés ; il courut même un bruit vague d'une épidémie occasionnée par le cimetière St-Roch ; on désigna l'enclos de St-Véran, sur la route de Lyon.

Encore une inspiration malheureuse. Le Rhône inonde St-Véran comme St-Roch. Sans l'injonction expresse de la loi qui détermine à quelle distance des lieux habités doivent être établis les champs du repos, on aurait pu choisir pour ce pieux usage le Rocher-des-Doms. Il suffisait d'y faire porter quelques tombereaux de terre, en laissant le soin du reste à la piété publique.

La mort ne s'arrête jamais, et tandis qu'elle éclaircirait nos rangs, la douleur ingénieuse couvrirait ce roc, aujourd'hui aride, de plantations d'ifs, de pins, de cyprès et de saules pleureurs.

Quelques monuments contrasteraient par leurs teintes et leurs formes avec la verdure des arbres ; ainsi le

Rocher, dont Avignon s'enorgueillit, recevrait de cette destination une beauté nouvelle : ce serait comme une espèce de consécration : car aux harmonies de la nature viendraient s'unir ces harmonies qui résultent de la présence des tombeaux et des cérémonies de la Religion.

LE ROI RENÉ

ET LE TABLEAU

DU COUVENT DES CÉLESTINS,

A AVIGNON.

C'était un prince assez bizarre, mais heureusement organisé, que ce René d'Anjou qui, après avoir perdu ses couronnes, retiré dans sa chère Provence où l'inquiétaient d'ambitieux voisins et parents, Louis XI et Charles-le-Téméraire, se consolait des revers de la fortune en cultivant la poésie, la musique et la peinture. Sous ses lois paternelles la Provence fut tranquille, et aujourd'hui même on n'y prononce jamais le nom du roi René sans le faire précéder de l'épithète de *Bon*.

Malheureux comme monarque, malheureux comme père, il charma ainsi par le prestige des arts une vie constamment agitée. Tandis que Louis XI, renfermé dans son château de Plessis-lès-Tours, redoutait un ennemi dans chacun de ses sujets, et ne marchait qu'accompagné de son grand-prévôt, René d'Anjou, se promenant librement dans les rues d'Aix, sans gardes, sans officiers, venait se réchauffer aux rayons du soleil. Bien différent de Charles de Bourgogne dont les combats et les exercices guerriers constituaient toute l'existence, le bon René s'amusait à organiser des processions. Là brillait son génie. Et l'on peut dire qu'Aix ainsi qu'Avignon ont conservé quelque chose de ce génie.

Le couvent des Célestins qui forme aujourd'hui une partie des bâtimens de notre Hôtel royal des Invalides, possédait jadis un tableau représentant un squelette de grandeur naturelle et d'une effrayante vérité. Auprès de ce corps sans vie, on voyait un cercueil dans lequel était reproduite une toile d'araignée de manière à faire la plus complète illusion. Plus bas étaient des vers écrits en lettres gothiques.

On assure que ce tableau et ces vers étaient l'ouvrage du Roi René qui avait fait passer sur la toile l'image d'une femme enlevée à son amour par un trépas prématuré. Voici ces vers dont le langage se comprend, quoiqu'ils soient du quinzième siècle.

> Une fois fus sur toute femme belle
> Mais par la mort suis devenue telle.
> Ma chair estoit très-belle, fraische et tendre,
> Or elle est toute tournée en cendre.
> Mon corps estoit très-plaisant et très-gent,
> Or est hideux à voir à toute gent.
> Je me souloye souvent vestu de soye,
> Or en droit faut que toute nue soye.
> Fourrée estois de gris et menu vair,
> Or sont en moy partout fourrés les vers.
> En grand palais me logeois à mon veuil,
> Or suis logée en ce petit cercueil.
> Ma chambre estoit de beaux tapis ornée;
> Or est d'araigne ma fosse environnée.
> De tous côtés nommée Dame chière,
> Or qui me voit me fait semblant ni chière.
> Maint me louoit qui près de moi passait,
> Or à présent tout le monde se tait.
> Partout estoit ma beauté racontée,
> Or n'en est vent, ni nouvelle comptée.
> Si pense celle qu'en beauté va croissant
> Que toujours va sa vie en décroissant.
> Soit ores, dame, damoiselle ou bourgeoise,
> Fasse donc bien tandis qu'elle en a l'oise.
> Ains que devienne comme moi pourvoye telle,
> Car chacun est comme ay esté, mortelle.

LES PROCESSIONS

DE LA FÊTE-DIEU.

MOEURS AVIGNONNAISES.

C'est surtout à l'époque de la Fête-Dieu qu'Avignon montre l'influence des traditions du gouvernement pontifical. Dans notre ville, comme dans la capitale du monde chrétien, les processions sont une affaire importante, presque nationale pour les habitants. D'abord ces solennités se trouvent sous la protection spéciale des Avignonnaïses qui, dans cette circonstance, déploient toutes les ressources de la toilette. Pour nos dames et nos demoiselles, quels que soient leur rang, leur position, leur fortune, la Fête-Dieu amène une guerre de luxe. C'est à qui l'emportera; on y pense six mois à l'avance, on en parle six mois après. Ces efforts ne sont point infructueux, il faut le dire; Avignon présente à cette époque un tableau ravissant. Il y a de la coquetterie à le montrer dans cette occasion aux étrangers. On peut en tirer vanité.

Les rues, généralement étroites, permettent de tendre une toile d'une maison à l'autre, de manière à intercepter les rayons du soleil, et à ne laisser pénétrer qu'un demi-jour favorable aux pompes de la religion. Tous les murs sont drapés de tapisseries, de tentures aux mille couleurs; et à chaque carrefour s'élèvent des autels, objet de rivalité pour les divers quartiers, jaloux de l'emporter dans cette pieuse lutte.

Ce n'est pas tout: nos processions, par l'ordre, par l'arrangement et les figures gracieuses qu'exécutent les fleuristes et les thuriféraires, n'ont point de rivales en France. Nos pénitents noirs, gris et blancs contribuent aussi beaucoup aux solennités de la Fête-Dieu. Entre ces confréries, la lutte est encore plus directe, plus acharnée : c'est à qui aura les plus riches ornements. Mais ce que les pénitents gris et blancs ne peuvent ravir à leurs heureux rivaux les pénitents noirs de la Miséricorde, c'est le magnifique Christ d'ivoire, chef-d'œuvre de Jean Guillermin.

Un autre usage, propre seulement aux départements méridionaux, embellit encore nos processions, et leur donne un aspect singulier. Je veux parler de ces enfants qui, sous divers costumes, figurent dans les rangs des fidèles, et rappellent les mystères sacrés, délices de nos aïeux. C'est un petit garçon de trois ou quatre ans, vêtu seulement d'une peau de mouton, chaussé de sandales, traînant après lui un agneau, et représentant St. Jean, le précurseur du Christ. C'est une fille, avec une robe de bure grise, aux longs cheveux épars, tenant une tête de mort et une croix de roseau, presque aussi belle que la Magdelaine du Guide, et qui de plus que la pécheresse, n'a pas eu besoin de pardon, car elle n'a pas encore aimé. Derrière elle s'avance Judith, parée du costume des femmes Juives, coiffée d'un turban auquel pend un riche voile, et armée d'un glaive étincelant. De petits anges, aux figures vraiment angéliques, courent çà et là, semant les rues des fleurs jaunes du genêt.

Ce double rang de lévites aux costumes éclatants d'or et de broderie, ces enfants, ces jeunes filles avec leurs robes blanches; les bannières, les flambeaux, les chants sacrés, la vapeur de l'encens, tout cet appareil qui se déploie dans des rues ornées de riches draperies, au milieu d'une population brillante de parure, offre un tableau des plus ravissants. On est forcé de convenir que l'imagination des peuples du Midi est comme leur soleil ; elle prête de la poésie à tous les actes de leur existence.

Les processions d'Aix en Provence sont beaucoup plus célèbres, mais le mélange de sacré et de profane qu'elles offrent, répugne à l'essence du christianisme. Au contraire, Avignon ne s'écarte pas des traditions de la nouvelle loi, tout en y mêlant quelques souvenirs hébraïques. Ces souvenirs n'empêchaient pas nos pères de tracasser les enfants d'Israël à l'occasion même de cette solennité, où des Judiths et des Déboras enfantines mettaient en action les tableaux de la Bible.

On sait que sous la domination du Saint-Siége, Avignon renfermait dans ses murs un grand nombre de juifs ; ces juifs, malgré les avanies auxquelles ils étaient exposés, acquéraient pourtant de l'aisance et de la richesse. Ils avaient des rabbins célèbres, et la synagogue d'Avignon jouissait d'une haute réputation. A l'approche de la Fête-Dieu, les Juifs avignonnais étaient tenus de planter des mâts et de tendre des toiles sur le passage de la procession, dans toute la longueur de la place du Palais. C'était un tribut annuel qui pesait sur eux.

Au reste, la pompe de cette touchante solennité est un devoir imposé à notre ville ; pour y manquer, il faudrait, de nos propres mains, déchirer une des plus belles pages de notre histoire. Avignon n'a-t-elle pas été le second berceau de la Fête-Dieu ? Le premier anneau de cette chaîne sacrée se rattache au Christ, aux derniers instants de son pèlerinage de salut sur la terre, à cette soirée de la Cène où le divin maître dit à ses disciples, en rompant du pain qu'il avait béni : « Prenez et mangez, » ceci est mon corps. » Ensuite prenant le calice, il rendit grâces, et le leur présenta, en disant : « Buvez-en » tous, car ceci est mon sang, le sang de la nouvelle » alliance qui sera répandu pour plusieurs pour la ré- » mission des péchés.

» Or, je vous dis que je ne boirai plus désormais de ce » fruit de la vigne, jusqu'au jour où je le boirai de nou- » veau avec vous dans le royaume de mon père. »

Voilà l'imposant mystère qui revit plus spécialement dans les cérémonies de la Fête-Dieu, mystère que l'Eglise honora d'abord de concert avec la *Passion* et la *Résurrection* pendant les jours du Jeudi-Saint et de Pâques. Enfin au treizième siècle fut instituée la fête du Saint-Sacrement.

La gloire en appartient au pape Urbain IV, qui classa cette solennité au rang des plus belles solennités chrétiennes, et en recommanda à toute l'Eglise la célébration fixée au jeudi qui suivait l'octave de la Pentecôte. Cette décision, qui date de l'année 1264, ne fut pas observée à cause du malheur des temps, au milieu des terribles luttes qui désolaient l'Italie, et des sourdes convulsions qui annonçaient dès-lors les premiers symptômes de décadence et d'agonie du moyen-âge. Mais en 1311, un Concile général tenu à Vienne en Dauphiné, sous la présidence du pape Clément V, confirma la bulle d'institution de la Fête du Saint-Sacrement. Plus de trois cents évêques assistaient à cette importante réunion ; des rois s'y trouvaient aussi avec un nombre considérable d'abbés et de docteurs.

De retour à Avignon où il avait fixé sa résidence depuis quelques années, Clément V célébra de la manière la plus brillante la cérémonie dont il pouvait se considérer comme le second fondateur.

Jean XXII, qui résida également à Avignon, suivit à son tour l'exemple de Clément V, exemple dont l'autorité n'a pu manquer d'influer sur les sentiments de la population avignonnaise.

Rome elle-même reconnaît à cet égard les titres de notre cité, de la cité qui fut pendant soixante-dix ans sa rivale. Dans la bibliothèque du Vatican existe une inscription qui éternise le souvenir de la confirmation de la Fête-Dieu, ouvrage de Clément V, du souverain Pontife qui fit d'Avignon la métropole de la chrétienté.

MARIE.

NOUVELLE AVIGNONNAISE.

C'était sur la fin des orages de la révolution, et les partis commençaient à s'arrêter, lassés de leurs propres fureurs. Ces époques de transition offrent toujours le même spectacle; avant de rentrer dans l'ordre, beaucoup d'hommes continuent encore cette vie d'excès avec laquelle ils sont familiarisés par l'habitude et l'impunité.

Alors commencent les attentats isolés, alors s'organisent des bandes de voleurs et de brigands. Nos contrées, éloignées qu'elles étaient de l'action immédiate du gouvernement, se virent exposées à ce terrible fléau.

Cependant les cités étaient tranquilles; et le récit des accidents funestes arrivés aux voyageurs troublait à peine le repos des avignonnais. La paix surtout habitait la demeure d'une jeune orpheline nommée Marie. Elle était seule, elle vivait du travail de ses mains : l'existence de la pauvre orpheline, sans parents, sans appui, était mêlée de bons et de mauvais jours.

Un jeune homme remarqua Marie; ses manières étaient douces, sa figure intéressante, son costume simple; la jeune fille ne tarda pas à le chérir de tout son cœur. Rien ne s'opposait à leur mutuelle tendresse; ils se le dirent, et s'occupèrent de l'avenir. Qu'il était pur et riant cet avenir!

Tous les soirs, ce jeune homme venait chez Marie, il lui parlait de ses projets, de leur union prochaine, et après ces doux entretiens, il s'éloignait pour revenir le lendemain. Un jour, il ne vint pas; Marie attendit, mais la soirée s'écoula sans qu'il parût : à demain! dit-elle tristement. Et le jour suivant, elle répétait encore : à demain!

Il ne vint pas davantage. Un homme, un inconnu, se présenta chez Marie, et lui parla de son ami. Il l'interrogea sur ses traits, sur ses vêtements, sur l'heure à laquelle il venait. Heureuse de pouvoir parler de lui, Marie répondit à toutes les questions de cet homme.

Son impatience s'accrut encore de cet incident; mais elle attendait tous les jours en vain. Un mois s'écoula, un mois d'espérances toujours renaissantes, toujours trompées.

Les jeunes compagnes de l'orpheline, inquiètes de sa pâleur, de sa tristesse, se pressèrent autour d'elle. Elles la conduisaient avec elles; elles cherchaient à distraire sa douleur. Un jour, elles l'entraînèrent sur le Rocher-des-Doms ; et là, les jeunes filles folâtraient sur la pelouse brûlée par les rayons du soleil. En descendant du Rocher, par l'escalier qui conduit à l'église de Notre-Dame, Marie leva les yeux sur ces tours gothiques du palais des papes qui ont été changées en prisons : à une petite fenêtre garnie de barreaux de fer, elle aperçut une figure pâle, elle distingua de longs cheveux blonds, et deux grands yeux bleus fixés sur elle.

— « Vous ne vous trompez pas, jeune fille, lui dit une voix brusque; c'est bien lui, le chef des bandits de la route de Marseille. Vos renseignements n'ont pas été inutiles. »

Marie se retourne vivement : derrière elle se trouvait l'homme qui l'avait interrogée sur son ami, son ami, un chef de brigands ! et livré par elle.... Quel coup !

— « Demain tout est fini pour lui, ajouta le même homme, avec un geste que je n'essayerai pas de rendre. »

Marie n'entendait plus rien. Pâle et glacée, elle tomba sur le sol. Un cri terrible s'échappa des lèvres du brigand dont le visage était collé contre les barreaux de fer. Lorsque Marie reprit l'usage de ses sens, elle avait perdu la raison. La pauvre fille était insensée!

LES GRANDES COMPAGNIES

sous

LES MURS D'AVIGNON.

SCÈNES HISTORIQUES, 1366.

Bertrand du Guesclin se dirigeait sur Avignon, suivi de ces *Grandes Compagnies*, nées de la licence des guerres, et qui, après avoir ravagé la France, allaient acquérir une gloire plus pure en combattant pour Henri de Transtamare contre Pèdre-le-Cruel, roi de Castille. Trente mille hommes marchaient sous les ordres du chevalier breton ; les bannières étaient déployées, les trompettes sonnaient de joyeuses fanfares, les armes étincelaient aux rayons du soleil ; et les populations étonnées ne pouvaient s'expliquer comment du Guesclin avait pu changer le naturel si féroce, si intraitable des *Grandes Compagnies*.

Cependant le souverain pontife, Urbain V, n'était point tranquille dans les murs d'Avignon. Plus d'une fois le Saint-Siége avait blâmé la conduite des guerriers convertis par du Guesclin ; en même temps le Pape n'ignorait pas que le Breton avait promis de le faire contribuer aux frais de la guerre.

Or, à quelque distance d'Avignon, l'armée vit arriver un cardinal en qualité d'ambassadeur du souverain pontife. Il venait engager du Guesclin à changer de route sous peine d'excommunication. — Monseigneur, dit le chevalier, ce n'est pas notre avis, nous comptons au contraire sur une absolution générale et sur une aumône de deux cent mille livres.

Le cardinal porta cette réponse au saint Père qui en fut grandement irrité. Que faire? les circonstances pressaient, et trente mille enragés attendaient sous les remparts d'Avignon.

Les notables sont convoqués ; ils se rendent dans la salle du Conseil : là, le Pape leur expose la situation critique où l'on se trouve. Bref, il est décidé qu'au moyen d'un emprunt levé sur les habitants on acquittera la somme demandée.

Les deux cent mille livres ainsi recueillies sont envoyées à Bertrand du Guesclin. — C'est le pur sang du peuple, s'écrie-t-il, je n'en veux pas ; cet argent nous porterait malheur : que Sa Sainteté fouille dans ses poches.

Force fut de le faire. Il ne s'y trouvait, il est vrai, que cent mille livres ; mais le chevalier s'en contenta. Urbain V y joignit une bulle d'absolution.

Les *Grandes Compagnies* satisfaites s'éloignèrent alors, délivrant le Saint Père et nos bons aïeux de leur redoutable voisinage.

Au reste, cette exigence de du Guesclin ne lui aliéna point l'affection du Saint-Siége ; il est vrai que l'épée du chevalier breton allait soutenir une cause à laquelle l'Eglise s'intéressait vivement, la cause de Henri de Transtamare contre don Pèdre-*le-Cruel*. Don Pèdre ne devait pas tarder à appeler à son secours les Musulmans, en manifestant l'intention d'adopter l'islamisme.

Aussi lorsque du Guesclin, trahi par la fortune, se vit prisonnier du prince noir, du jeune héros de Poitiers, que don Pedro avait décidé à devenir son auxiliaire ; le Breton compta sur les trésors du pape pour payer sa rançon ; et il ne se trompait point : car sa captivité était un deuil pour l'Eglise.

L'épée des Franks avait soutenu le Saint-Siége contre les entreprises des Lombards et contre les tracasseries de l'empire d'Orient. Aux jours d'épreuve, alors que la France engagea une lutte désespérée contre l'Angleterre, le Saint-Siége rendit à la France des Valois une partie des services qu'il avait reçus de Pepin-*le-Bref* et de Charlemagne. Voilà ce qu'il faut surtout considérer en étudiant le séjour des papes à Avignon. Dans nos murs, dans l'enceinte du *Palais* se nouaient et se dénouaient tous les fils de la politique européenne.

LES REMPARTS D'AVIGNON.

Nos remparts ont une célébrité européenne; les ingénieurs militaires les traitent de constructions de carte; au fait, ces murailles élégantes avec leurs machicoulis, leurs créneaux et leurs nombreuses tours, ne résisteraient guère à un siége, tel qu'on les fait au dix-neuvième siècle. A l'époque où l'artillerie était dans l'enfance, Avignon pouvait passer pour une place forte ; mais avec les progrès toujours croissants de ces terribles moyens de destruction qu'emploie le génie militaire moderne, nos remparts ne sont plus qu'un ornement.

Leur enceinte dépasse de beaucoup l'enceinte primitive de notre cité, alors qu'elle était une des métropoles de la confédération des Cavares. Avignon occupait dans ces temps reculés un espace beaucoup plus étroit ; la ville se trouvait presque entièrement bâtie sur la pente du rocher ; elle courait ainsi vers le Rhône qui couvrait de ses eaux plusieurs quartiers, conquis pied à pied sur le lit du fleuve.

Les populations gauloises, soit qu'elles appartinssent à la race des Galls, des Ligures ou des Kimris, ne défendaient leurs villes et leurs bourgs qu'avec des fortifications agrestes. Elles profitaient des accidents du terrain : un grand cours d'eau comme le Rhône, une barrière naturelle, comme le Rocher-des-Doms, voilà de quoi rendre Avignon invulnérable sur deux points. Pour le reste de l'enceinte de leur cité, nos ancêtres dûrent employer ces masses de poutres qu'ils entassaient les unes sur les autres, en ayant soin de les placer longitudinalement et transversalement ; puis dans les intervalles, ils jetaient de la terre qui se couvrait de gazon. Ce gazon, en consolidant la terre des remblais, finissait par présenter une espèce de terrasse, défendue d'ailleurs par les poutres transversales, dans le genre des chevaux de frise.

Des fortifications des Cavares, l'histoire ne conserve aucun souvenir; et l'on ne peut admettre cette idée que par analogie, d'après ce qui existait chez les peuples Gaulois. Il n'en est point ainsi à l'égard des remparts d'Avignon, tombée au pouvoir des Romains. A la descente de la place Sainte-Magdeleine, on voit encore un fragment de construction dont le caractère indique assez l'architecture romaine; il paraît que ce fragment faisait partie des remparts, lesquels étaient très larges, et reposaient sur une série d'arcades d'où serait venu le nom de *Grottes*, et par corruption *Crottes*, que porte une rue voisine. Ces arcades servaient, d'après la tradition, de loges aux bêtes féroces qui figuraient dans les jeux sanglants du cirque.

Avignon aurait donc possédé un cirque; quelques hommes de science et de recherches sont autorisés, par plusieurs découvertes, à penser qu'il s'étendait au midi du palais des papes, du côté de Saint-Pierre jusque vers la caserne de Saint-Jean.

Quant à l'existence d'arceaux sur toute la ligne de développement des remparts romains, il est assez difficile de l'admettre; ces arceaux voûtés ne devaient s'élever qu'au bord du Rhône, afin de consolider les murailles en les mettant à l'abri des fréquentes inondations du fleuve.

Ces remparts subsistaient encore, en grande partie du moins, et ils étaient défendus par de larges fossés qu'alimentaient les eaux de la Sorgue, lorsque Louis VIII vint assiéger Avignon. Il paraît que l'enceinte d'Avignon était carrée, et flanquée de tours de distance en distance.

Déjà Gondebaud, roi des Burgondes et meurtrier de la famille de Clotilde, s'était réfugié derrière les remparts d'Avignon pour échapper aux armes triomphantes de Clovis. L'impétuosité des Franks n'avait pu s'emparer de la ville, qui soutint dans la suite différents siéges avec le même succès. Aussi, lorsque les Avignonnais capitulèrent, et se rendirent à Louis VIII, le légat les priva de leurs remparts, de leurs tours, de leurs fossés.

Pendant plus d'un siècle, la ville resta ainsi démantelée, ouverte à toutes les entreprises des bandes aventureuses qui désolaient alors le midi de l'Europe. Le légat du pape s'était rendu l'instrument des intérêts des barons du nord et du centre de la France. Il leur préparait ainsi la possession des contrées occupées par les Albigeois. Mais les hommes du nord ne purent fonder dans le midi des établissements durables; l'instinct national les repoussait.

Venus à Avignon en qualité d'hôtes, les papes Clément V, Jean XXII, Benoît XII, ne s'occupèrent pas du soin de relever les remparts d'une ville sur laquelle le Saint-Siége avait des prétentions dont la réalisation était douteuse; mais en 1348, Clément VI acheta de Jeanne de Naples la ville et l'état d'Avignon; deux ans après, en 1350, ce même pape commença de faire construire la partie de murailles située entre le Rocher-des-Doms et la porte du Rhône. La mort vint l'interrompre au milieu de ces travaux ; mais son successeur Innocent VI se fit un devoir de continuer une entreprise aussi utile. Un gentilhomme espagnol, Hernandès de Heredia, chevalier de l'ordre de Saint-Jean de Jérusalem, fut chargé par le pape de diriger cette immense construction. Heredia était le favori du pape, qui le nomma également général de ses armées et gouverneur d'Avignon et du Comtat. Le Grand-Prieuré de Castille et celui de Saint-Gilles dont il fut pourvu par son protecteur, sans l'autorisation du Grand-Maître de l'ordre, souleva contre lui le ressentiment de tous les chevaliers ; mais rien ne put ébranler son crédit, et le pape déjoua les efforts de ses nombreux ennemis.

Il paraît que le favori méritait les bontés dont il fut l'objet ; on peut le conclure de la rapidité avec laquelle il s'acquitta de la mission confiée à ses soins. Cette activité tient du prodige, quand on mesure la ligne de remparts qu'il éleva depuis le couvent des Dominicains (la Fonderie), jusqu'à la porte Saint-Lazare.

Les historiens de l'ordre de Saint-Jean de Jérusalem ont avancé qu'en reconnaissance de la haute protection du pape, Heredia avait fait toute la dépense de ces constructions ; qu'il avait ainsi voulu s'acquitter envers son bienfaiteur ; mais des documents authentiques démentent ce récit. D'abord, les murailles et les tours élevées par le gentilhomme espagnol ne sont pas décorées de ses armes; empreinte qu'elles auraient portée, s'il en eût fait les frais. Précisément, Clément VI avait fait graver ses armes sur la partie construite sous son pontificat.

D'un autre côté, la fortune de Heredia, quelque grande qu'on la suppose, ne pouvait suffire à de pareils sacrifices. Enfin des bulles d'Innocent VI, qui ont été conservées, encouragent les Avignonnais à persévérer dans des travaux si nécessaires à leur sécurité. Avec ce langage officiel, se trouvent en harmonie les nouveaux impôts établis par ce pontife, impôts spécialement mentionnés dans l'histoire de sa vie, sous le nom de *gabelle* et de *souquet*. La gabelle frappait le sel; le souquet, le vin, dont chaque tonneau paya un florin de droit d'entrée. Afin que les taverniers et marchands de vin ne fussent pas trop lésés par cette exigence fiscale, le pape les autorisa à diminuer la capacité des mesures. Et, pour dernière preuve on peut encore citer les différentes sommes allouées aux maçons, sommes dont le chiffre ne serait point connu, si Heredia les eût fournies.

Innocent VI mourut sans avoir terminé les remparts d'Avignon; à Urbain V était réservé cet honneur. Ce pontife qui embellit le palais, compléta l'enceinte de la ville; il fit même réparer une partie des constructions de Heredia, qui avaient été renversées par une inondation des eaux réunies du Rhône et de la Durance. Nos remparts avec leurs élégants créneaux, leurs tours rondes, carrées, en éventail, devinrent un des plus beaux monuments de l'Europe; en même temps, derrière cet abri tutélaire, la ville n'avait plus rien à redouter. En effet, avec les éléments incomplets dont disposait la guerre obsidionale, cette ceinture de murailles, flanquée de larges fossés, devait opposer un obstacle presque infranchissable.

Aujourd'hui, au milieu de la sécurité que donne une civilisation avancée, et en considérant notre éloignement des frontières, on peut dire que les remparts d'Avignon sont plutôt un ornement qu'une défense; ils ne servent en réalité que les intérêts des fermiers de l'octroi. Si nous imitons différentes villes qui ont abattu cette barrière pour étendre au loin leur essor, nous aurons alors une cité nouvelle; des quartiers réguliers s'élèveront comme par enchantement. Déjà les fossés sont presque tous comblés, et convertis en promenades, ou exploités par l'agriculture, ou bordés de maisons adossées aux remparts : pourquoi ne pas continuer l'œuvre commencée, en conservant toutefois du côté du Rhône et nos murailles et les tours qui les embellissent? Ce *specimen* suffirait pour donner une idée de l'ancienne enceinte érigée par les papes; et en deçà comme au delà de cette enceinte, sur toute la ligne enfin affranchie du mur de clôture, se dessineraient de magnifiques boulevards.

Quelles circonstances que l'on suppose, Avignon ne peut désormais devenir une place de guerre : les coteaux de Villeneuve dominent notre cité; et l'armée de Carteaux, à une époque peu éloignée de nous, a prouvé ce que valait cette position. Il est vrai que l'artillerie de Carteaux était commandée par un homme qui, à lui seul, suffisait pour décider du sort des villes et des empires. Cet homme se nommait BONAPARTE ; on peut encore étudier l'empreinte de ses *boulets* sur les remparts qui longent l'*Allée des Veuves*. Cette signature militaire est aussi gravée sur le mur de façade d'une maison de la rue Calade, où Bonaparte a reçu la plus touchante hospitalité, hospitalité dont Napoléon se plaisait toujours à rappeler le souvenir.

NOTRE-DAME-DES-DOMS.

Pour peu que l'on fouille dans les profondeurs du sol sur lequel s'élèvent les plus célèbres basiliques chrétiennes, on y trouve des vestiges de temples payens. Au fait, cette rencontre de deux cultes, à deux époques différentes, sur le même emplacement, cette rencontre constitue un hommage rendu au Dieu de l'univers, une manifestation de ce besoin de religiosité, de cet instinct pieux, qui travaillent le cœur de l'homme.

Quoi qu'en aient dit les écrivains de l'école philosophique du dix-huitième siècle, malgré leurs déclamations et leurs paradoxes, l'athéisme est incompatible avec les raffinements de l'organisation sociale comme avec l'existence incomplète des sauvages. Aussitôt que se réunissent quelques familles, soit qu'elles se forment en tribu sous l'autorité patriarcale de la vieillesse, soit que la tribu se fixe, s'identifie au sol, et devienne un peuple, aussitôt surgissent les temples, et la religion a ses ministres, ses fêtes, ses cérémonies.

L'Histoire des monuments religieux serait donc la meilleure histoire de l'humanité, celle qui en accuserait le mieux la marche, les conquêtes et les progrès ; ce serait un phare lumineux qui guiderait l'observateur, et l'empêcherait de s'égarer sur l'océan des âges.

Prenez en effet un exemple entre mille, examinez les diverses fortunes de cette modeste élévation sur laquelle nous contemplons la Métropole de Notre-Dame, et sans sortir d'Avignon, vous verrez se détacher en relief les idées que je viens d'exprimer. Ces idées revêtiront un corps ; le passé tout entier sortira de ses ruines.

Sur Avignon, chef-lieu de la confédération des Cavares, il ne nous reste que des données bien vagues ; tout se borne à des conjectures : lorsque manquent et les monuments et les écrits et les traditions, comment renouer la chaîne des temps ? Néanmoins, je l'essayerai ; et dans cette recomposition du passé, l'emplacement de Notre-Dame-des-Doms me fournira peut-être quelques révélations.

Nous savons avec la certitude que donnent des documents historiques, nous savons que les Romains, maîtres de la *Province*, bâtirent un temple en l'honneur de l'Hercule avignonnais. Devant ce temple, s'élevait une statue d'Hercule, résultat d'un vœu de nos pères (*pro civium Vennicorum suscepto voto.*)

D'où vient ce zèle des Romains pour honorer le fils d'Alcmène ? Avant leurs rapports avec la Grèce, trouvons-nous des traces de ce culte ? Et d'ailleurs, ce surnom d'*Avignonnais* n'est-il pas assez significatif ? Comme Alexandre de Macédoine, les Romains respectaient les traditions religieuses des peuples soumis à leurs lois ; ils faisaient plus, ils s'associaient à ces idées, et par là ils désarmaient bien des ressentiments.

Leur piété envers l'Hercule avignonnais autorise donc à penser que les conquérants relevèrent son ancien temple, qu'ils flattèrent les indigènes par une habile déférence envers un Dieu respecté par leurs ancêtres.

Maintenant, le polythéisme gallique, commun à toutes les peuplades ligures, famille à laquelle appartenaient les Cavares, le polythéisme gallique ne nous offre pas le culte d'Hercule dans ses éléments nationaux. Mais les Tyriens sont venus dans la Gaule avant tous les autres peuples antiques; la Gaule et l'Espagne ont entretenu de fréquentes relations avec ces hardis navigateurs, ces aventureux marchands, qui ne se contentaient pas d'explorer les côtes, mais qui pénétraient encore dans l'intérieur du pays.

Avec leur merveilleux instinct commercial, ils ne pouvaient négliger la ligne du Rhône, qui précisément les amenait à Avignon. Ils ne se présentaient point en maîtres ni en ennemis; tout ce qu'ils voulaient c'étaient des stations, des comptoirs, des entrepôts. Avignon fut sans doute le siége d'une de leurs principales factoreries, et sur la plate-forme de Notre-Dame, ils érigèrent un temple à Hercule.

Hercule représentait en quelque sorte le génie tyrien; c'était l'emblème des expéditions, des travaux, des conquêtes de ces intrépides navigateurs qui semèrent dans le monde antique, sur toutes les plages, dans toutes les îles de la Méditerranée, les bienfaits d'une civilisation féconde, et s'aventurèrent jusque sur l'Océan dont ils ouvrirent les portes. Aussi leur souvenir demeura cher à tous les peuples avec lesquels ils avaient entretenu des relations; et ce fut pour flatter les Avignonnais que la domination romaine releva le temple d'Hercule.

Mais il approchait le jour où devant la lumière de l'Evangile allait se déchirer le voile des fictions; où les mystères du paganisme devaient disparaître à l'aspect du grand sacrifice du Golgotha. *Les Dieux s'en vont!* ce cri retentissait sur tous les points de l'empire, Avignon le poussa à son tour.

Une tradition qui fait notre orgueil, et l'orgueil est légitime quand il se rapporte au pays natal, une tradition qui est devenue pour tout Avignonnais un article de foi, bien que l'Histoire la conteste, raconte que la basilique de Notre-Dame-des-Doms fut bâtie et consacrée du vivant même de la Mère du Sauveur. D'après ce récit, source féconde en inspirations pour les peintres et les poètes, Sainte Marthe, la glorieuse hôtesse du Christ; Marie-Magdeleine à laquelle il fut beaucoup pardonné parce qu'elle avait beaucoup aimé; Lazare, l'ami de l'*Homme-Dieu*, celui qui pouvait raconter les secrets du tombeau; Maximin, Célidoine et plusieurs autres chrétiens, furent bannis de la Palestine. Leurs persécuteurs les entassèrent sur une frêle embarcation sans voiles et sans rames; mais l'esprit de Dieu planait sur la mer, il en apaisa les vagues, et guida la barque vers les côtes de la Gaule.

A Marseille s'arrêta Lazare; Magdeleine seconda la mission de son frère, avant de rendre les rochers de la Sainte-Baume témoins de ses larmes et de son repentir; Aix, la ville de Sextius, eut pour apôtres Maximin et Célidoine, tandis que Sainte Marthe se fixait à Avignon. L'hôtesse du Christ retrouva la source située derrière le chœur de l'Eglise, et qui était comblée, après avoir fourni l'eau lustrale aux sacrifices du temple d'Hercule.

Le vénérable Ruf, que ses vertus devaient faire placer au rang des Saints, fut le premier évêque d'Avignon, ouvrant cette série de prélats également canonisés par l'Eglise, SS. Juste, Donat, Maxime, Magne, Agricol et Vérédème.

A ces pieux souvenirs viennent encore se joindre d'autres titres d'une haute importance historique. Ainsi en 336, des rives du Bosphore où il avait transféré le siége de l'empire, Constantin s'occupa du soin d'agrandir et d'embellir la basilique de Notre-Dame-des-Doms. La piété des fidèles suivit cet auguste exemple, et peu de monuments religieux l'emportaient en célébrité et en richesse, lorsque le midi de la Gaule fut envahi par les Maures et les Arabes, vainqueurs de l'Espagne, et jaloux d'étendre sur toute l'Europe les préceptes de l'islamisme.

On sait que la trahison du duc Mauronte ouvrit aux Musulmans les portes d'Avignon : maîtres de notre ville, ils s'efforcèrent d'effacer les traces nombreuses du christianisme, qui excitaient leurs fanatiques transports. Le pieux édifice, tout chargé de la majesté des siècles, fut pillé, ravagé, détruit. Rien ne put le protéger contre la fureur de ces Barbares, ni le souvenir de sainte Marthe, l'hôtesse du Christ, ni le grand nom de Constantin. De Narbonne à Arles s'étendaient leurs escadrons victorieux ; mais l'émir Abdérame et sa brillante armée avaient succombé sous les coups des Franks-Austrasiens conduits par Charles-Martel : cette armée vint sous les ordres du Comte Childebrand, digne frère du héros, délivrer Avignon. Charles-Martel le suivit bientôt dans le midi de la Gaule, et l'avenir de la civilisation fut sauvé.

Les Avignonnais avaient trop souffert de la présence des Musulmans pour réparer toutes les pertes qu'ils avaient éprouvées; mais la providence divine leur réservait l'intervention active du petit-fils de Charles-Martel. Ce que n'avait pu faire le vainqueur d'Abdérame, absorbé par les détails d'une guerre sans trêve, sans relâche, ce que n'avait pu ordonner Pepin-*le-Bref*, tout entier aux soins de consolider un trône naissant et d'y asseoir sa dynastie, Charlemagne s'en occupa.

Ce prince, dont le génie était aussi vaste que l'empire, digne héritier des traditions de Rome qui lui avait décerné la couronne des Césars, ce géant qui embrassait l'Europe dans sa vaste pensée, ne pouvait oublier la munificence de Constantin à l'égard de la basilique de Notre-Dame d'Avignon. Il paraît même qu'il projeta de doter notre ville d'un pont sur le Rhône; la difficulté du projet et sans doute l'insuffisance de l'art à cette époque l'empêchèrent de l'accomplir; mais, par son ordre et à l'aide de ses trésors, Notre-Dame se releva de ses ruines; il ne se contenta point de la reconstruire, il y institua un Chapitre de Chanoines réguliers.

De nombreux documents constatent ces bienfaits de Charlemagne; mais l'autorité la plus imposante, la plus irrécusable, résulte de l'aspect même de l'édifice. Pour peu que l'on soit familier avec les différents styles d'architecture qui tour à tour ont fleuri depuis la chute de l'empire romain, il est facile de reconnaître que la basilique de Notre-Dame-des-Doms n'est point une construction antique. Quelques personnes ont cru retrouver le caractère de l'antiquité dans le porche ou vestibule qui précède la porte d'entrée. La forme du fronton rentre en effet dans le genre grec et romain, mais au milieu se trouve un œil de bœuf circulaire qui donne à cette opinion un solennel démenti.

D'ailleurs, il faut penser que Charlemagne, en modelant sa politique et ses plans de conquête sur l'exemple de Rome, dut nécessairement exercer une action d'entraînement et même de superstition à l'égard de tout ce qui l'entourait. L'art devint essentiellement copiste du passé, que l'empereur cherchait à ranimer depuis que le pape Léon avait déposé sur sa tête la couronne d'Auguste. C'est là ce qu'on appelle le style *roman*, que devait plus tard remplacer le style byzantin, renversé à son tour par le style ogival.

L'architecture romane, vivant de plagiats, reproduisit autant que possible les formes antiques, leur solidité, leur masse, et il est impossible de s'y méprendre en examinant avec soin le porche de Notre-Dame.

D'un autre côté, l'état de parfaite conservation des pierres, quelle que soit la beauté de notre climat, ne répond point à la date d'une origine romaine; c'est beaucoup déjà que de remonter à l'an 801, époque où l'Eglise d'Avignon mentionne, dans ses annales, l'institution des chanoines fondés par Charlemagne.

Si ce porche offre quelques détails antiques, ce sont les deux colonnes torses qui flanquent la porte d'entrée : quant aux peintures qui en décorent les murailles, elles appartiennent à l'école italienne du quatorzième siècle, et par conséquent elles correspondent au séjour des papes à Avignon.

De ces peintures, il en est qui ont disparu sous une ignoble couche de badigeon; et l'on ne saurait trop déplorer cet acte de vandalisme, surtout en contemplant le *Père éternel* et les *Anges adorateurs* qui ont échappé à la destruction. Ces figures, par le trait, par la couleur et l'expression, rappellent la manière de Giotto dans ses meilleurs ouvrages.

Simon de Sienne (Memmi), venu à Avignon en 1338, laissa aussi courir sur les parois de ce porche son pinceau facile et pur. Il y traça un saint Georges à cheval et une femme qui se trouvait en quelque sorte sous la protection du Saint. Au saint Georges, il donna les traits de Pétrarque son ami, à la femme les traits de Laure.

Le poète a éternisé sa reconnaissance envers l'artiste, de beaux vers en font foi; malheureusement ces deux portraits, si précieux à tant de titres, n'existent plus; nos pères nous montrent encore la place qu'ils occupaient. Ceux qui les ont admirés si souvent, retrouvent encore sous la couche de badigeon quelques contours qui ajoutent à nos regrets (1), regrets qui augmentent à mesure que l'on entre dans l'intérieur de la vieille basilique, et que l'on étudie les nombreuses blessures qu'elle a reçues.

Les hommes ont été, pour le noble édifice, cent fois plus destructeurs que le temps; sans pitié pour les souvenirs sacrés, sans respect pour les chefs-d'œuvre, ils ont porté leurs mains sacriléges sur ce monument qu'avaient à l'envi décoré et enrichi Charlemagne, plusieurs souverains Pontifes et tant de générations de fidèles. Un demi-siècle à peine nous sépare du temps où cette église brillait dans toute sa splendeur. Quel contraste aujourd'hui ! encore, depuis quelques années l'a-t-on rendue au culte, après d'imparfaites réparations d'urgence.

Hélas ! que sont devenus le maître-autel tout revêtu de lames d'argent, les châsses qui renfermaient les saintes reliques, les énormes cloches dont le son se faisait entendre jusqu'à Arles; et les statues et les tableaux ? tout a été dévoré par le vandalisme révolutionnaire.

(1) Nous sommes heureux de pouvoir annoncer aux nombreux admirateurs de Pétrarque et de Laure, que ces deux portraits furent copiés, il y a plusieurs années, par le crayon fidèle de M. J. Cousin, d'Avignon. Un des meilleurs graveurs de Paris travaille en ce moment à les reproduire sur acier. On comprendra désormais la passion de Pétrarque pour la belle Laure.

Mais ce qu'on ne saurait enlever à cette religieuse enceinte, ce sont les grands faits historiques qui s'y sont accomplis; trois Souverains Pontifes y ont été sacrés : Innocent VI en 1352, Urbain V en 1362, Grégoire XI en 1371. La basilique de Notre-Dame-des-Doms suivit le sort du diocèse d'Avignon : d'abord cathédrale, elle fut érigée en Métropole par le pape Sixte IV. Deux de ses prélats, Jacques d'Euse et Julien de la Rovère se sont assis sur le trône pontifical, et parmi ses pasteurs figurent plusieurs cardinaux justement célèbres. Le chapitre répondait à tant d'illustration et par ses dignités, et par la science de ses membres, dont plusieurs se sont élevés à de hautes fonctions dans le clergé.

Enfin, cette Métropole renfermait de nombreux tombeaux, qui, presque tous, ont été profanés et brisés pendant les excès de la terreur. Par la plus heureuse exception, deux de ces monuments funèbres, les plus précieux sous le rapport artistique, les plus importants par les dépouilles qui leur furent confiées, deux ont survécu à ce grand désastre. L'un est le tombeau du pape Jean XXII, l'autre celui de Benoît XII.

Le style d'architecture est tout-à-fait du quatorzième siècle; mais il existe une grande différence entre les deux monuments; le plus simple est celui de Benoît XII. Rien de riche, de gracieux, de fantastique comme le tombeau de Jean XII. On dirait que le génie moresque a fouillé cette dentelle de pierre, ciselé ces clochetons,

TOMBEAU DU PAPE JEAN XXII.

découpé à jour ces galeries et ces ogives. On dirait un échantillon des merveilles de l'Alhambra. Peut-être est-ce trop de luxe et de coquetterie avec la mort? c'est déjà un étrange contraste avec la dignité de chef de l'Eglise et les austères vertus de Jean XXII; mais on se sent désarmé en présence d'un ouvrage qui tient du prestige de la féerie.

Cet admirable monument a été déplacé à différentes reprises, il se trouvait jadis dans la chapelle de Saint-Joseph, auprès de la sacristie; on le voyait alors sur ses quatre faces; maintenant il est adossé à un mur, et on ne peut examiner que trois côtés. Il a même subi quelques dégradations.

Comme édifice, la Métropole n'a de vraiment remarquable que le porche et la coupole qui s'élève au-dessus de l'entrée du chœur. On peut supposer que ce chœur est de construction plus récente que le reste de l'Eglise; le maître-autel devait se trouver jadis sous cette coupole qui à l'intérieur était décorée de peintures à fresque, dont on ne distingue que quelques lambeaux, bien dignes de regrets, ainsi que les naïves peintures qui se voient sur un des murs latéraux à gauche en entrant.

Quant aux chapelles qui rayonnent des deux côtés de la nef, quant à la galerie ou tribune à balcon ciselé qui règne le long de cette nef, on ne sera point surpris que je ne m'en occupe pas; là n'est point le mérite de notre Métropole.

Même avec les travaux incomplets de réparation, malgré l'absence d'ornements, la nudité des murailles, le manque de tableaux, cette Eglise produirait une profonde impression sur l'homme le moins accessible au culte du souvenir, sans la couche de jaune dont on l'a badigeonnée, la traitant comme une auberge de village.

On ne conçoit pas une pareille profanation commise sur ces murs, contemporains de Charlemagne et élevés par ses ordres. Laissez-leur l'empreinte des siècles; elle va si bien aux monuments d'une Religion qui participe de la nature de son divin fondateur, immobile au milieu des révolutions du temps ! Vainement les Maures, et d'autres destructeurs plus implacables se sont acharnés sur l'auguste monument; il est là, nous offrant le vivant emblème de cette parole de Dieu à son Eglise : *Les portes de l'enfer ne prévaudront point contre elle.*

DES JOUTEURS

ET

DES LUTTEURS AVIGNONNAIS.

———❦———

Arles et Tarascon vantent leurs courses de taureaux ; Aix, ses processions ; Nismes, ses *ferrades* : à ces fêtes populaires, Avignon a long-temps opposé avec orgueil ses Luttes dans l'enclos de Saint-Roch et ses Joutes sur le Rhône.

Luttes et Joutes sont maintenant abandonnées ; et cependant quel enthousiasme elles ont excité chez nos pères, et même parmi nous, génération dont le berceau fut abrité sous les ailes de l'aigle de Napoléon ! Je me souviens que dans mon enfance une lutte était un événement, et cet événement ne perdait rien de son attrait à se reproduire plusieurs fois dans l'année. Quant aux joutes, elles étaient plus rares, mais en revanche, comme les Avignonnais étaient heureux lorsqu'ils pouvaient, des deux rives du fleuve, du vieux pont de pierre, du haut du Rocher-des-Doms, des toits des maisons qui bordent le port, suivre le rapide passage des bateaux où se trouvaient les deux adversaires armés de longues lances ! Que d'applaudissements et d'acclamations pour le vainqueur ! Quels éclats de rire accompagnaient la chute du vaincu et le moment où, les vêtements collés sur le corps, il atteignait le rivage, laissant derrière lui un long sillon humide !

La foule ouvrait un large passage au nouveau Triton qui, dans le cabaret voisin, allait bientôt oublier sa mésaventure. Les accidents entre lutteurs étaient moins gais. Le jeu dégénérait en combat réel, et trop souvent, il fallait emporter de l'arène l'athlète trahi par ses forces, qu'un heureux antagoniste avait, pour ainsi dire, cloué au sol.

Quelquefois, l'issue de la lutte était douteuse; les opinions se partageaient entre les assistants, des cris s'élevaient; de bonnes et franches locutions en patois circulaient de rang en rang ; le dépit s'en mêlait, et l'autorité intervenait pour éviter une lutte générale, une collision en masse.

Parfois encore un lutteur émerite, un vieillard aux longs cheveux blancs, mais dont les formes et les muscles respectés par les années, accusaient l'ancienne vigueur, donnait à haute voix son sentiment, et chacun se soumettait au juge improvisé. A nous enfants, on racontait alors les triomphes de cet athlète, tant de fois couronné ; on dénombrait toutes les *tasses* d'argent qu'il avait remportées, et l'heureux vieillard souriait à ces récits, murmurés de toutes parts ; il se reportait aux jours où un sang plus chaud circulait dans ses veines. Il arrivait encore qu'un doute, un mot imprudent venaient colorer son front ; il se dépouillait de sa veste, il montrait à nu ses bras nerveux ; et malheur au jeune imprudent qui répondait à cette provocation ! Une prompte chute venait prouver aux Avignonnais que le vieux lutteur n'avait point oublié les secrets et les ressources de son art.

La lutte remonte à la plus haute antiquité. La Bible et les œuvres d'Homère l'attestent, « ces deux livres » vénérables, les premiers de tous par leur date et par » leur valeur, presque aussi anciens que le monde et » qui sont eux-mêmes un monde pour la pensée. » Dès les premières pages de la Genèse nous voyons Jacob lutter avec un Ange. Comme dit le poète :

> Des monts de Phanuel l'ombre était descendue,
> Et le calme du soir régnait dans l'étendue,
> Quand un Ange apparut à l'époux de Rachel.
> Il le voit, il s'élance et l'entraîne en sa chute;
> Et quand le jour finit la lutte,
> L'Ange bénit Jacob et le nomme Israël.

Il serait trop long de citer ici tous les passages de l'Iliade, de l'Odyssée et même de l'Enéide dans lesquels sont retracés en beaux vers les combats des lutteurs. L'autorité de l'histoire confirma plus tard les brillantes descriptions des poètes. A Sparte, non-seulement les hommes, mais encore les jeunes vierges s'exerçaient à la lutte; et à Athènes, Socrate ne dédaigna point de descendre dans l'arène. C'est ainsi que les Grecs acquirent cette adresse, cette intrépidité, cette vigueur si redoutables aux nombreuses armées du grand Roi. Un peuple jaloux de sa liberté et enthousiaste des jouissances que procurent les arts, un tel peuple ne pouvait manquer de favoriser une institution qui tendait à développer le corps et à lui donner ces belles proportions où par le plus heureux mélange, la grâce s'unit à la force, l'élégance à la vigueur.

Rome, vertueuse et républicaine, élevait de même ses jeunes hommes; c'est par les exercices du gymnase qu'ils préludaient aux travaux plus mâles de la guerre. Lorsque la corruption eut, avec les dépouilles des nations vaincues, pénétré dans l'enceinte de la ville éternelle, alors la lutte, le ceste, le pugilat furent remplacés par les combats de gladiateurs, et par le spectacle des esclaves et des martyrs exposés aux tigres et aux lions. Alors aussi Rome marcha à grands pas vers sa ruine; et bientôt les peuples du nord vinrent demander compte au peuple romain de tout le sang innocent répandu dans ses jeux, et qui avait rougi le sol du Colysée.

Dans le moyen-âge où la force tint souvent lieu de droit, la lutte ne fut point négligée. De semblables exercices étaient nécessaires pour que le guerrier pût porter facilement sa lourde armure, et manier sa hache d'armes, sa lance dont le poids épouvante aujourd'hui une génération abâtardie.

La découverte de la poudre à canon fut le signal de mort de la chevalerie, qui s'éteignit avec Bayard, au pied du chêne de Romagnano. Dès ce moment la force du corps ne fut plus estimée. Un mousquet, dans les mains d'un Thersyte, suffit pour renverser un Achille.

Assurément l'école du peloton est plus utile à nos soldats que l'éducation des athlètes de Némée ou d'Olympie. Néanmoins des athlètes supporteraient plus facilement les marches forcées, les rigueurs du bivouac, l'intempérie des saisons. Pendant les longues et glorieuses guerres de la révolution et de l'empire, les sables de l'Égypte, les boues de la Pologne, les glaces de la Russie ont été plus meurtriers pour nos braves soldats que le fer et le feu de l'ennemi.

L'Allemagne nous a montré la route qu'il faut suivre. Sur cette terre où les peuples ont pris l'initiative et devancé les gouvernements, la gymnastique est honorée, cultivée comme à Athènes, comme à Sparte. C'est une branche de l'éducation de ces universités allemandes si renommées. Le célèbre Ianh, l'auteur de la *Nationalité*, a donné lui-même des leçons de gymnastique; et lorsque l'indépendance de la patrie fut menacée, Ianh vint grossir les rangs de la Landsturn prussienne avec trois mille étudiants, qui répétaient en chœur le *Vœu du Gymnaste*.

« Je t'ai dévoué mon cœur et mon bras, ô pays plein
» d'amour et de vie, ô Allemagne, ô ma patrie ! »

« Grand Dieu ! fais-moi acquérir la force du cœur
» et du bras, afin de vivre et de mourir pour la sainte
» patrie ! »

Honorons l'intelligence, mais ne méprisons pas la force, ce premier principe de la nature, aujourd'hui surtout que les découvertes de la physiologie ont prouvé que l'âme d'Homère se trouverait plus à l'aise dans le corps d'Hercule.

LE CLOITRE

DE

SAINT-MARTIAL.

Encore quelques mois, quelques jours, peut-être, et il ne restera plus rien de ce cloître, un des plus beaux morceaux d'architecture ogivale qu'ait renfermés notre ville. Parmi les constructions de ce genre qui ont résisté aux outrages du temps, il en est dont l'aspect offre plus de grandiose, plus d'élégance et de richesse; mais aucune ne réveille plus d'idées religieuses et mélancoliques. C'est une galerie à quatre faces, découpée en ogives, et qui encadre une petite cour, voilà tout. Mais dans cette cour ont poussé deux ou trois figuiers, dont les larges feuilles, dont la végétation orientale s'harmonie d'une manière admirable avec le style de cette architecture fantastique et bizarre. Dans l'été, lorsque les figuiers étalent leur luxe de verdure, un jour douteux pénètre à peine sous les ogives; et cette obscurité mystérieuse convient parfaitement à l'état de dégradation dans lequel se trouve ce cloître.

Il y a huit ans, la partie adjacente à la Galerie Vernet, était encore debout; on l'a abattue, et tous les amants des arts la regretteront; un pareil monument ne se détruit, ni se relève; on le conserve. Tel qu'il est cependant, on le visitera encore avec plaisir, quoique l'on ait coupé les figuiers, et achevé de ravir à ce cloître un de ses ornements.

Il est impossible, dans ce lieu, de se défendre d'une espèce d'impression romantique; on y comprend, pour ainsi dire, tous les mystères de la muse nouvelle. Elle n'y a plus de secret. J'invite aussi tous nos classiques à le visiter; ils sympathiseront, au moins pendant quelques instants, avec les écrivains et les poètes de la jeune France.

La peinture a cherché à reproduire ce monument : car elle aussi, comme la poésie, se plait au milieu des ruines gothiques et des souvenirs du moyen-âge. Deux peintres étrangers à notre ville ont protesté avec talent et succès contre l'oubli des artistes Avignonnais. Mais le dirai-je, il fallait, pour reproduire fidèlement ce cloître avec toutes ses harmonies, il fallait le pinceau d'un Granet ou d'un Auguste de Forbin. Comme le talent de ces deux grands peintres se fût joué dans ce tableau ; sans doute, ils eussent placé un Bénédictin avec son costume pittoresque, rêvant sous l'ogive qui l'abritait. A quelques pas du moine, un étranger, un criminel peut-être, amené dans le couvent par l'immunité dont jouissaient autrefois ces lieux, eût contemplé en silence la physionomie austère et paisible du disciple de Saint-Benoit.... Et ce ciel d'azur que l'on apercevrait à travers les feuilles d'un vert foncé, et ce recueillement....

Mais je m'arrête : car l'écrivain n'a pas comme le peintre une palette et des couleurs.

LA CONFESSION

DU

MEURTRIER.

AVIGNON. — 1311. — SOUVENIRS HISTORIQUES.

Depuis trois jours, il errait autour du couvent des Frères Prêcheurs, (1) sans oser franchir le seuil de la porte. Sa barbe hérissée, ses cheveux rares et blan-

(1) Sur l'emplacement de ce couvent qu'habitait en 1311 le Pape Clément V, s'élèvent aujourd'hui les fonderies de Vaucluse.

chis avant l'âge, ses yeux hagards, son front pâle, tout en lui glaçait de crainte et d'horreur. Chacun se détournait à sa vue en faisant un signe de croix. Peu lui importe. Une seule pensée l'absorbe. Parfois cependant, à l'aspect de ces murs où réside le souverain pontife, un rayon d'espérance se glisse dans son cœur. Ses lèvres ont murmuré des paroles confuses dans une langue étrangère ; à sa voix une femme, un enfant, comme lui couverts de haillons, se rapprochent ; l'enfant sourit ; la mère cherche à l'imiter, elle ne peut que verser des larmes.

Il fut un temps où cet homme avait un palais, des courtisans, des flatteurs, des soldats. Il était bien jeune alors ; il entrait dans la vie ; et le crime n'avait pas souillé sa main. Neveu et pupille de l'empereur d'Allemagne, Albert 1er, Jean de Hapsbourg attendait l'époque de sa majorité pour gouverner les Comtés de Kibourg, Lentzbourg et Baden, héritage que lui avait transmis son noble père. Mais Albert fut injuste envers le jeune orphelin ; il refusa plusieurs fois de lui rendre son apanage. Un jour même à Baden, l'empereur répondit à ses instances par une plaisanterie insultante : lui présentant une guirlande de fleurs, il dit que cela convenait mieux à son âge que les soins du gouvernement. Jean avait 19 ans, il jura de se venger ; quatre seigneurs lui promirent leur appui.

Sans se douter du péril qui le menace, Albert quitte

Baden pour se rendre à Rhinfeld. Avec lui partent les conjurés et le jeune prince, qui passent les premiers la Reuss en face de Windisck; l'empereur a traversé la rivière avec un seul officier; sa suite est sur l'autre bord. Il s'avance dans ces belles campagnes que domine le château de Hapsbourg; soudain les conjurés arrêtent son cheval. — Rends-moi mon héritage, s'écrie le prince en saisissant son oncle, et Balm enfonce son épée dans le corps de l'empereur, tandis que Eschenback lui fend la tête d'un coup de sabre.

Depuis ce jour, plus de repos pour le meurtrier; les ennemis d'Albert eux-mêmes l'ont repoussé; ses complices ont péri: mille gentilshommes ont été sacrifiés aux mânes de l'empereur par ses enfants irrités: seul, Jean de Hapsbourg vit encore. Mais est-ce vivre que de traîner ses jours au fond des forêts, dans le sein des cavernes?

Il est venu à Avignon où habite le Pape Clément V; il veut confier au chef de l'Eglise le secret qui pèse sur son cœur, il lui tarde de se réconcilier avec Dieu.

Enfin, il est admis auprès de Clément. Devant le successeur de Saint-Pierre, le criminel humilie son front; et de sa bouche s'échappent ces mots: *Je suis Jean de Hapsbourg*. — Parricide! s'est écrié Clément, avec un mouvement d'horreur. Mais réprimant son indignation, le souverain pontife ajoute: Ministre d'un Dieu de paix, je pardonne à votre repentir, à vos remords, levez-vous.

Maintenant allez auprès du chef de l'empire; lui seul doit prononcer sur vos jours.

Plus tranquille après ces paroles consolantes, Jean se rend auprès de Henri VII. L'empereur imita la clémence du souverain pontife; il condamna seulement le meurtrier à passer le reste de sa vie dans le couvent des Augustins à Pise. Ses remords en abrégèrent la durée; deux ans après, en 1313, il descendit dans la tombe.

Quant à la femme qui l'avait suivi à Avignon et dans ses longs voyages, on ignore son sort; tout ce que l'on connaît sur elle, c'est que le crime du prince ne pût éteindre son amour, Sans doute elle ne lui survécut pas; elle fut plus heureuse que l'enfant qu'elle avait porté dans son sein : car la Chronique autrichienne d'Ebendorf rapporte que, sur la fin du 14e siècle errait dans les rues de Vienne, un vieillard, aveugle et mendiant. Ce vieillard était le fils de Jean de Hapsbourg.

DU SORT DES FEMMES

A AVIGNON.

 La plupart des écrivains se plaisent à exalter dans leurs ouvrages, le bonheur des françaises. A les entendre la France est le paradis des femmes. Cette opinion, quoique souvent répétée, ne mérite aucun crédit, s'il faut en croire des observateurs judicieux, et le témoignage des femmes qui certes doit être compétent dans cette circonstance. Selon Madame de Staël, le mulsulman vaut mieux que nous, puisqu'en enfermant celle qu'il aime dans son harem, il lui prouve au moins qu'elle est nécessaire à son bonheur. Il y a là un peu d'exagération, nous chercherons à nous en défendre.

Le sort des femmes est réellement plus heureux en Angleterre, en Allemagne, aux Etats-Unis, qu'en France. Je ne blâmerai point la loi politique qui chez nous les exclut du trône. En cela, notre législation mérite plutôt des éloges. Le sceptre est, en effet, trop lourd pour la main de ce sexe destiné à influencer nos sentiments, jamais nos opinions et encore moins nos actes politiques. On me citera bien Sémiramis, Elisabeth d'Angleterre, Catherine de Russie, mais par leurs défauts elles n'appartenaient plus à leur sexe. Ce sont de brillantes erreurs de la nature. Je doute d'ailleurs qu'elles aient trouvé la félicité sur le trône.

Mais tout ceci m'éloigne de mon sujet. J'ai dit que les Allemandes, les Anglaises et les Américaines des États de l'Union étaient plus heureuses que nos Françaises, si dignes pourtant de l'être. Cette assertion est encore plus vraie appliquée au sort des femmes dans nos départements méridionaux. Quoique régis par les mêmes lois et les mêmes institutions, les mœurs établissent encore une barrière, une ligne de démarcation fortement tranchée entre le nord et le midi de la France. On dirait presque deux peuples différents. Nous ne pouvons nous dissimuler que l'avantage est du côté du nord. Une civilisation plus avancée, des moyens d'instruction plus répandus, des rapports nombreux avec l'étranger, enfin plus d'esprit de société, voilà ce qui caractérise les habitants du nord. Quand aux femmes, mariées sous le régime de la communauté, elles suivent les chances de fortune offertes à leurs époux ; elles partagent en même temps leurs plaisirs. Et ici je ne parle pas des classes élevées. Le dimanche on va en famille à la campagne, le soir on se rend au Théâtre, telle est l'habitude de Paris, de Lille, etc. Dans le midi, au contraire, les femmes gardent la maison les jours de fête, comme pendant le reste de la semaine. Le mari fréquente les cafés, les maisons de jeu, dévore en quelques heures le prix du travail d'un mois, et sa compagne languit dans la pratique de devoirs obscurs.

En général les femmes de la classe ouvrière sont dans le midi des modèles de dévouement et de résignation. Très peu instruites, sachant rarement lire, c'est dans leur cœur qu'elles puisent des forces. Leur vie s'écoule au sein des privations, quelquefois des mauvais traitements, et jamais elles ne se plaignent. Flétries avant l'âge par des travaux excessifs, par des veilles fréquentes, par les soins qu'exige leur famille, elles entourent leur mari d'égards et de déférence.

Le mari est effectivement le chef de la famille ; son autorité rappelle quelques traces de l'existence patriarcale des temps primitifs. A table, par exemple, il occupe la meilleure place ; les meilleurs mets sont réservés pour lui.

Un bon système d'éducation populaire peut seul adoucir le sort des femmes. Non que l'on doive tendre à ramener le culte de cette fade galanterie qui faisait de la compagne de l'homme un jouet, une poupée. Ce qu'il faut réclamer pour elles, c'est l'influence de la famille. Le divin législateur l'a dit : d'un côté, protection et force ; de l'autre, déférence et faiblesse ; mais la déférence ne doit point dégénérer en servitude : mais la faiblesse ne justifie point l'oppression. Il s'agit de trouver un équilibre harmonieux qui concilie tous les intérêts en consacrant tous les droits. Le bonheur du foyer prépare la prospérité publique, les lois n'ont pas de meilleure sauvegarde que les mœurs.

L'ENLÈVEMENT.

TABLEAU DE MOEURS.

Un enlèvement, un rapt, voilà une étrange suite à la triste peinture que j'ai faite du sort des femmes à Avignon. Au lieu d'une suite, c'est un démenti, puisque le beau rôle, le rôle de l'impunité appartient au sexe le plus faible; ce n'est pas l'homme, c'est la femme qui commet le rapt.

Etrange anomalie qui a bien droit de surprendre au dix-neuvième siècle ; et que la Provence partage avec Avignon et le département de Vaucluse. Si l'on veut remonter à l'origine d'une coutume qui bien souvent a fait taire la loi malgré sa rigueur, il faut se rappeler que nos contrées furent jadis habitées par des peuplades Ligures, venues de l'Ibérie ; chez les Ligures, les femmes jouissaient de priviléges inconnus aux Galls et aux Kimris. Elles avaient la faculté de choisir leur époux.

L'histoire de Marseille nous offre à cet égard un document d'un grand intérêt. Environ six cents ans avant l'ère chrétienne, un navire sorti du port de Phocée vint jeter l'ancre sur les côtes de la Méditerranée, dans un golfe qui touchait au territoire des Ségobriges. Nann, leur roi, invita les étrangers à prendre part aux fêtes qui devaient être célébrées en l'honneur du mariage de sa fille. Le Navarque et son équipage s'assirent à la table du banquet. Vers la fin du repas où assistaient les chefs des tribus voisines, la jeune vierge parut tenant à la main une coupe remplie d'eau pure. Elle devait, suivant l'usage, manifester ses vœux secrets en présentant ce vase à l'époux de son choix. Emue de la beauté du chef des Phocéens, frappée de la forme gracieuse des vêtements grecs, et sans doute cédant à l'attrait du merveilleux tout puissant sur l'imagination de son sexe, la vierge gauloise offrit à l'étranger la coupe des aveux. Le roi Nann approuva hautement le choix de sa fille qui apporta en dot à son époux la possession du golfe où son navire avait relâché. Ainsi naquit Marseille.

De cette anecdote antique, je vais rapprocher un épisode contemporain, laissant aux lecteurs le soin d'établir la filiation et l'analogie.

Il y a de cela quelques années, je me promenais au cours de Saint-Michel avec un parisien arrivé depuis peu à Avignon, où il se proposait de se fixer. Un jeune homme nous aborde, nous le connaissions tous les deux sans être avec lui sur le pied de l'intimité; après quelques phrases insignifiantes, il nous prie de vouloir bien l'accompagner et lui servir de témoins.

— Un duel, me demande à demi-voix le parisien.

— Je ne le crois pas; l'affaire est moins sérieuse; vous allez être initié à une des coutumes les plus bizarres de nos contrées.

Il n'osa pas m'interroger de nouveau, mais sa curiosité se trouvait vivement excitée. Nous marchions vite; le jeune homme qui avait réclamé notre concours, nous précédant de quelques pas, se retournait de temps en temps comme pour nous activer encore.

Au lieu d'entrer dans la ville nous nous dirigeâmes du côté de la campagne; c'était par une belle matinée de Mai; le soleil était voilé; et d'épais nuages annonçaient l'approche de la pluie. Elle éclata bientôt, et nous fumes obligés de nous abriter dans une ferme voisine. Puis le ciel s'éclaircit peu à peu; et il tomba une de ces pluies fines qui sont si agréables dans le printemps. Alors, nous continuâmes gaîment notre excursion; et nous parvînmes ainsi à un élégant pavillon, entouré de fossés, et situé à environ une demi-lieue de la ville.

— C'est ici, nous dit notre guide qui nous avait toujours devancés de quelques pas, en laissant échapper des signes d'impatience. Ne vous montrez pas de suite pour ne pas l'effaroucher.

— Singulière précaution, me dit le parisien, qui ne pouvait démêler cette aventure; et auquel je n'avais rien expliqué de peur que mes éclaircissements ne blessâssent le héros de la fête.

Il y eut un moment d'attente assez pénible; personne ne se montrait, pas un chien pour nous trahir par ses aboiements, et mon ami faisait en vérité la plus triste contenance. Il pâlissait, il rougissait tour-à-tour. J'eus pitié de sa torture, et je lui offris d'entrer, moi qui n'étais pas connu des gens de la maison, quoique pourtant je connusse fort bien le propriétaire. Il refusa par un signe de tête; et courut à l'extrémité du pavillon, en toussant assez fortement et en frappant des mains.

Au fait, l'heure était passée; la violence de la pluie avait dérangé toutes ses prévisions et tous ses calculs; on ne l'attendait plus: à force de tousser, de frapper des mains, une fenêtre s'entrouvrit au premier étage, et à travers les volets nous vîmes briller deux yeux noirs et pleins de feu. Je ne m'étais pas trompé; et me rapprochant du parisien, je lui dis à voix basse : — Du courage, voici le moment décisif.

Effectivement une fenêtre du rez-de-chaussée s'ouvrit, et sur le mur d'appui parut une jeune personne de dix-huit ans environ, de la plus charmante figure ; elle tenait un petit paquet enveloppé dans un foulard, et ses yeux modestement baissés n'osaient se fixer sur nous.

Elle échangea un sourire d'intelligence avec notre guide ; lui jeta vivement le paquet enveloppé dans le foulard, et se disposa à sauter, en s'appuyant sur l'épaule de celui dont elle partageait le sort. Ce fut l'affaire d'un instant. Elle sauta avec autant de légèreté que de grace, et vint s'abriter contre son protecteur.

Nous nous étions avancés ; alors sans lever la tête, le visage couvert d'une vive rougeur, elle laissa tomber plutôt qu'elle ne prononça ces paroles : — Messieurs, je vous prends à témoins comme j'enlève Monsieur Auguste......... Mon père, mes sœurs, ajouta-t-elle d'une voix éteinte, et les yeux pleins de larmes.

Auguste me donna une poignée de main, passa le bras de son amie sous le sien, jeta autour de lui un regard investigateur, et se dirigea par un petit sentier vers une route opposée à celle que nous avions suivie. Il pleuvait toujours ; mais les deux fugitifs marchaient avec courage, la jeune personne était vêtue d'une robe blanche semée de petites fleurs bleues ; dans la précipitation de sa fuite elle avait oublié de se munir d'un parapluie. A l'extrémité du sentier, ils furent arrêtés par un fossé qui leur barra le passage. Auguste se mit dans l'attitude du colosse de Rhodes, et d'un bras vigoureux fit franchir le fossé à son amie. Nous les perdîmes de vue.

Tant que nous avions pu les suivre de l'œil, nous avions gardé le silence ; chacun de nous était absorbé dans ses réflexions ; le Parisien se croyait le jouet d'un rêve ; et moi je calculais les suites de cet enlèvement, je pensais avec un sentiment pénible au devoir qui nous restait à remplir. Effectivement, il fallait se rendre chez le père de la jeune personne et l'informer de cet événement.

J'instruisis mon compagnon des conséquences de notre mission, et nous nous dirigeâmes vers la ville, non sans être arrêtés deux ou trois fois par la violence de la pluie. Enfin nous parvînmes à cette maison où nous allions porter le trouble et l'inquiétude. Au moment d'entrer, nous éprouvâmes un moment d'hésitation, un serrement de cœur; mais il s'agissait de l'accomplissement d'un devoir sacré ; cette indécision se dissipa.

C'était une de ces maisons bourgeoises comme il y en a encore beaucoup à Avignon, où tous les meubles et toutes les habitudes portent l'empreinte du passé. Une grande porte cochère, un long corridor éclairé dans le fond par une cour qu'ombrageait un vieux figuier ; dans cette cour quelques poules, à droite une écurie, en face un hangard sous lequel était abrité un fourgon, suspendu sur des courroies.

13

Au coup de marteau une vieille servante entr'ouvrit la porte, comme pour parlementer, et après inspection de nos physionomies, nous laissa un facile accès. Elle nous dit que son maître allait souper, mais sur notre demande formelle, elle nous introduisit dans la salle à manger. La table était déjà dressée. Une tranche de mouton (*la classique carbonnade*), et une salade avec un croûton de pain richement frotté d'ail, indiquaient le repas du soir d'un Avignonnais de la vieille roche. Je ne pus m'empêcher de jeter un regard autour de moi et d'examiner la table et la salle, malgré l'embarras de notre situation. Un léger coup de coude de mon compagnon me rappela que j'avais promis de porter la parole.

Le maître de la maison nous avait salués avec cette franche cordialité qui caractérise un riche propriétaire, demi-citadin, demi-campagnard ; avant de nous demander le sujet de notre visite, il nous montra le souper en accompagnant ce geste d'invitation de ces mots : si le cœur vous en dit. «

Je refusai. — Une affaire grave nous appelle auprès de vous, Monsieur. Nous avons à remplir une triste mission.

Un nuage de tristesse voila cette physionomie naguère heureuse et gaie.

— Un malheur ! s'écria-t-il : Mes enfants.... un incendie.... une inondation de la Durance....

— Non, Monsieur, il ne s'agit pas d'un fait irréparable : Mademoiselle votre fille aînée....

— Morte ! morte ! et il se tordait les mains.

— De grâce, Monsieur, rassurez-vous, nous l'avons vue, il y a quelques heures....

— Eh bien !...

— Elle a enlevé Monsieur Auguste....

Il ne me donna pas le temps d'achever, et d'un bond s'élançant vers la muraille, il en détacha un fusil de chasse, en jetant sur nous un regard qui semblait vouloir pénétrer au fond de nos cœurs, et demander : Où est-elle ?

La réaction ne se fit pas attendre ; il déposa l'arme meurtrière, et s'appuyant contre le mur, se prit à pleurer. C'était un spectacle poignant que ces larmes de père, coulant ainsi devant deux inconnus, deux étrangers que le hasard avait initiés à un de ces chagrins domestiques ordinairement ensevelis à l'ombre du foyer.

La vieille servante qui, usant du privilége de ses longs services, était restée dans l'appartement, nous tira de cette situation pénible.

— A quoi bon pleurer, Monsieur ? il faut plutôt se réjouir, et faire les apprêts de la noce.

Un éclair de colère traversa de nouveau le visage du père ; je m'approchai, et lui fis valoir la fortune, la position, les qualités de Monsieur Auguste...... Il m'objecta seulement la différence d'opinions politiques, dernier retranchement facile à emporter ; je ne le tentai point. C'était assez pour un premier jour, nous sortîmes ; notre mission était remplie.

Huit jours s'écoulèrent ainsi, et ne recevant ni lettres, ni nouvelles des deux fugitifs, je commençais à être inquiet, d'autant mieux que le père avait envoyé plusieurs fois chez moi pour obtenir quelques renseignements. Toute colère s'était dissipée, la nature l'emportait.

Enfin, dans la soirée du neuvième jour, les deux fugitifs vinrent me trouver; la jeune personne m'interrogea avec beaucoup de chaleur sur les dispositions de son père; je lui dis qu'il n'attendait qu'une démarche pour pardonner. Elle respira plus librement. — Tout de suite, dit-elle, à ses pieds, dans ses bras.

Nous nous dirigeâmes vers la maison du père, sans proférer une parole. Chacun de nous marchait plongé dans ses réflexions; notre plan fut bientôt tracé; nous nous devinâmes par instinct. Auguste s'éloigna à quelque distance, la jeune personne se colla contre la porte, et moi j'entrai seul.

Le père était triste, abattu; ces quelques jours pesaient sur lui du poids d'un siecle; il eut à peine la force de se lever, et retomba sur son siége en poussant un profond soupir qui dut retentir au cœur de sa fille.

— Pas une ligne d'elle, me dit-il, rien pour me consoler, rien qui me prouve qu'elle pense toujours à sa famille.....

Il parlait ainsi lentement, d'une voix altérée; je souffrais et pour lui et pour la fugitive qui pouvait entendre chaque parole, qui, aux inflexions, pouvait deviner toute l'étendue du deuil causé par son départ.

— Et si elle n'osait pas, si un sentiment de crainte, de honte, la retenait !....

— Qu'elle vienne, qu'elle paraisse, pas un reproche, pas un mot d'allusion.....

La porte s'ouvrit brusquement, et comme une flèche, la fugitive vola dans les bras paternels; je les laissai seuls; la présence d'un tiers eût gêné une pareille effusion. J'allai auprès d'Auguste le rassurer sur les suites de cette première entrevue, tant redoutée.

Quelques jours après, la noce eut lieu sans pompe, sans faste, et les deux témoins de l'enlèvement signèrent au contrat.

Par ce dénouement, on connaît l'issue ordinaire de cette étrange coutume qui, je dois le dire, devient moins fréquente de jour en jour. Dans la Basse-Provence, on cite tels villages où les trois quarts des mariages ont pour préliminaires un enlèvement. Quand on veut faire une observation, les meilleures têtes du pays vous répondent : c'est l'usage. Ma mère, mes aïeux ont fait ainsi, pourquoi n'en serait-il pas de même de la petite-fille ?

Les exigences de l'État civil ont un peu dérangé cette vieille coutume, mais à l'époque où la bénédiction du prêtre constituait toute la validité du mariage, on conçoit qu'un enlèvement devait amener d'autres circonstances en cas de refus obstiné de la part des parents.

Alors, les deux complices s'approchaient du prêtre au moment où il célébrait la messe, ils s'agenouillaient sur les marches de l'autel avec leurs témoins, et, à la bénédiction, le jeune homme donnait à sa compagne la bague nuptiale ; leur union était consacrée. On appelait cela forcer l'église ; venait ensuite la réparation. Une amende honorable était imposée au couple qui avait ainsi dérobé la bénédiction du prêtre.

DE L'ÉDUCATION PUBLIQUE

A AVIGNON.

Ces louangeurs du temps passé que j'ai mis en scène plusieurs fois, nous vantent sans cesse les bienfaits de l'ancien système d'éducation. Chacun, disent-ils, pouvait alors s'abreuver à la source de vie; les études dirigées par les corps religieux se trouvaient à la portée de toutes les classes de la société. Point de frais, nulle rétribution;

le fils du pauvre venait instruire sa jeunesse ; il pouvait étudier les trésors de la docte antiquité.

Très-bien : je suis loin d'attaquer en lui-même ce système d'enseignement, et surtout l'indépendance dont jouissaient les professeurs. Je conviens même que ce système a permis à quelques hommes sortis des rangs du peuple, de parvenir aux rangs élevés de la société, de les conquérir par leur mérite. Mais en écartant ces brillantes exceptions, quels avantages trouvons-nous pour les masses ?

Sept ou huit ans consacrés à apprendre le latin, la philosophie scolastique, l'art du dilemme et du syllogisme, des bribes d'histoire grecque et romaine, toute cette éducation littéraire et anti-française convenait-elle bien à des hommes destinés par leur position à des professions mécaniques ? Rien n'est changé, il est vrai. On nous élève encore comme un peuple de littérateurs et de beaux-esprits ; mais la rétribution qu'exige l'université éloigne de ses cours les classes populaires. Il faut une certaine aisance, il faut surtout se destiner à une carrière libérale pour avoir besoin de suivre l'enseignement universitaire. Tant mieux : car nous aurons moins de gens à l'esprit orné, à la tête farcie de mots et aux bras inhabiles.

En revanche, on a multiplié de toutes parts les moyens d'acquérir des connaissances utiles et pratiques, des connaissances positives qui remplacent, pour le fils de l'ouvrier, cette aisance que la condition paternelle ne permet pas d'acquérir. Cependant nous sommes encore en arrière de plusieurs nations chez lesquelles tous les enfants apprennent à lire.

Maintenant si nous considérons l'éducation publique dans Avignon, nous verrons plusieurs centaines d'enfants recevant chez les Frères de la doctrine chrétienne ou dans l'Ecole d'enseignement mutuel des leçons de lecture, d'écriture, de calcul, des notions de grammaire, de géographie. Au sortir des institutions primaires, divers établissements s'ouvrent devant eux. C'est d'abord, l'Ecole supérieure, lien intermédiaire destiné à compléter le cercle des études populaires sans toucher à la haute instruction des colléges et des facultés. Vient ensuite ce que l'on peut appeler l'éducation professionnelle. Car les jeunes-gens, selon l'état qu'ils veulent embrasser, peuvent apprendre le *dessin* et la *peinture*, d'une application si générale dans toutes les conditions de la vie. Ont-ils besoin d'études plus spéciales, l'école de *dessin linéaire* est là pour diriger les premiers essais du maçon, du serrurier, du charpentier, du charron, du couvreur, et même de l'architecte. Ils ont formé leur main et leur goût, en apprenant le dessin linéaire ; le cours de *mécanique* les attend pour fixer leur raisonnement. En même temps la *chimie* leur révèle ses secrets.

Je le demande : ce cercle d'études ne répond-il pas au vœu des amis de la civilisation ? *Lecture, écriture et calcul, dessin et peinture, dessin linéaire, mécanique, chimie :* ces connaissances, mises à la portée de tous, n'assurent-elles pas le plus brillant avenir à la génération avignonnaise ? Et ce que l'on ne saurait trop faire remarquer, c'est que ces diverses écoles sont établies de manière à être suivies par le même élève. Bien plus, cet élève n'est pas forcé de renoncer à son travail manuel, à ce travail nécessaire à son existence : car le temps du pauvre forme son patrimoine. La science lui est offerte comme un délassement ; et les cours s'ouvrent pour la plupart dans la soirée, à des heures dont la jeunesse des villes fait un si déplorable emploi.

Certes, il est bien peu de villes en France qui dispensent avec tant de générosité à leurs habitants le pain de la science ; et je dois le proclamer, peu de populations répondent aussi dignement que la population avignonnaise à de pareils bienfaits.

On n'éprouve qu'un regret, on ne signale qu'une lacune dans ce cercle si bien rempli, c'est une école de musique qu'il faudrait fonder. D'avance on peut lui promettre d'aussi belles destinées qu'à l'Ecole de *dessin et de peinture*, qu'à celle de *dessin linéaire*, signalée chaque jour par de nouveaux triomphes.

Ainsi que l'aptitude aux arts du dessin, l'instinct musical n'est-il pas un don du climat ? notre ciel du midi ne fait-il pas les musiciens, comme sa lumière dorée enfante les peintres ? L'antiquité, avec ses allégories si vraies, malgré le voile fabuleux qui les couvrait, l'antiquité représentait le dieu des vers, des arts et du chant sous le nom d'Apollon, et Apollon n'était que le soleil qui féconde tout, qui donne la vie au monde.

CULTE DES SOUVENIRS.

LE BRAVE GRILLON.

  Nous n'avons plus de Panthéon : l'inscription sublime qui décorait le fronton du chef-d'œuvre de Soufflot, a disparu, et nos grands hommes n'ont de temples que dans nos cœurs! ceux-là, du moins, ne seront pas détruits.

Cependant il est pénible de penser qu'en France, aucun monument ne consacre cette gloire que l'on achète presque toujours au prix de son repos, de son bonheur, et souvent même de la vie. La gloire, dira-t-on, se suffit à elle-même; elle est comme la vertu qui porte avec soi sa récompense. Ce langage est juste; mais ne serait-il pas dicté par un secret sentiment d'envie, qui nous porte à refuser à ces hommes, dont la grandeur nous fatigue, les suffrages que méritent leurs nobles efforts?

Ah! qu'ils comprenaient mieux la gloire, qu'ils la rendaient plus séduisante et plus belle, ces peuples anciens chez lesquels celui que couronnaient ses lauriers, était tour à tour l'objet d'une admiration exclusive, d'une haine sans bornes! Chez eux, la gloire était, pour ainsi dire, matérialisée : à chaque pas, le génie du peintre, du statuaire, de l'architecte, s'unissait pour la reproduire sous des images sensibles. Quel est ce temple? celui d'Homère! Le chantre d'Achille est un dieu, et ses autels sont desservis par une race privilégiée, par ces Homérides, qui prétendent tirer de lui leur immortelle origine. Cette statue fut souvent arrosée des larmes brûlantes de Thémistocle enfant; c'est celle du vainqueur de Marathon! La main de Phidias a sculpté ces bas-reliefs qui décorent la tombe d'un héros mort pour la patrie; et la lyre d'Alcée a fait vibrer les noms d'Harmodius et d'Aristogiton. Voilà comment Athènes faisait oublier à ses enfants les rigueurs de l'ostracisme.

Rome n'était pas moins ingénieuse dans la manière dont elle acquittait ses dettes envers les grands citoyens qui la servaient de leur génie et de leur valeur.

Qui ne se souvient des couronnes de chêne, des triomphes du Capitole, des images portées aux funérailles? Enfin, lorsque les arts de la Grèce et de l'Asie eurent pénétré dans l'enceinte de la ville éternelle, un peuple de statues en décora les temples, les rues, les places publiques.

Héritière des traditions de ces peuples immortels, la France, malgré son ardent amour pour la gloire, n'a pas su la payer comme eux. On le proclame avec regret: nulle part peut-être la religion des souvenirs ne fut aussi négligée que parmi nous.

Et pourtant quelle terre fut jamais plus féconde en héros, en nobles dévouements, en grandes actions, en généreux sacrifices? Sur quelle terre les peintres, les sculpteurs, les poètes pourraient-ils trouver des inspirations aussi sublimes, aussi patriotiques?

Malheureusement, notre histoire nous est généralement peu familière. Peut-être est-ce la faute de ceux qui l'ont écrite; car, il faut en convenir, nous avons des annales, des gazettes, pas un Thucydide ou un Tite-Live. Nos poètes à leur tour, découragés par des relations sans charme, sans intérêt, ou bien arrêtés par une fausse délicatesse, ont reculé devant des noms moins harmonieux que ceux des héros de Rome et d'Athènes. Ils ont puisé leurs inspirations dans des souvenirs étrangers à nos mœurs, à notre langue, à notre religion. Ils ont fait, sur des sujets grecs et romains, des vers français destinés à des lecteurs français.

Dans les arts, on est allé plus loin : nos architectes, en copiant les monuments antiques, n'ont pas seulement cherché à les approprier à notre climat, à nos habitudes; tandis que, par une anomalie plus bizarre encore, les peintres et les statuaires affublent de la toge et chaussent du brodequin Henri IV et Louis XIV.

Les écrivains et les artistes de la nouvelle école, que les vétérans de la routine ont vainement cherché à ridiculiser par le nom de *romantiques*, ces écrivains et ces artistes, fidèles à l'esprit de leur siècle, ont déjà fait raison de cet étrange contre-sens. Espérons qu'un triomphe plus beau leur est réservé; et que, grâces à eux, les Français, comme le dit Charles Nodier, se souviendront qu'ils ont une patrie.

Déjà la statue de Bayard s'élève au milieu des murs de Grenoble. Croit-on que cette statue n'exerce aucune influence sur la destinée de la génération naissante de cette noble cité ? croit-on qu'après l'avoir contemplée, les jeunes Grenoblois ne liront pas avec plus de plaisir l'histoire de la vie du *Chevalier sans peur et sans reproche ?* Loin de se borner à une stérile admiration, comme lui ils aspireront à être ***sans peur et sans reproche;*** et peut-être un jour le marbre, la toile, le bronze offriront-ils leurs traits aux regards de la postérité.

Pourquoi toutes les villes n'imitent-elles pas cet exemple? En est-il une seule, existe-t-il en France un village, un hameau qui n'ait pas à s'enorgueillir de la naissance de plusieurs grands hommes?

Ainsi, en traversant les murs d'Avignon, le voyageur est surpris de ne point voir de monument élevé à ce Crillon, que le *Béarnais* décora du nom de *brave*. Quoi! c'est là que naquit l'intrépide frère d'armes du grand Henri! La France entière retentit du bruit de ses exploits; et dans cette ville qui fut son berceau, où ses descendants ont ajouté un nouvel éclat à son nom, aucune rue ne porte ce nom mémorable! aucune statue ne reproduit les traits du héros!...

Est-il, en effet, un nom plus retentissant, plus populaire que celui de ce chevalier de Crillon, devenu l'éternel emblême de l'honneur et de la fidélité, admirable caractère qui traversa pur les tempêtes d'un siècle de convulsions et de perfidies, et qui, sans peur comme Bayard, mérita comme lui le titre glorieux de *sans reproche?* Quand on suit pas à pas cette longue et belle carrière, on ne s'étonne plus de l'enthousiasme des Avignonnais pour leur brave Crillon; on n'est plus surpris de cette sympathie universelle qui entoure le héros, legs de famille religieusement conservé par les générations qui se sont succédées dans nos murs. Ouvrez au ha-

LE BRAVE CRILLON.

sard les annales du seizième siècle, et vous trouverez l'épée de Crillon sur tous nos champs de bataille; et si la France se repose un instant sous les armes, il ira à Lépante s'associer à la gloire de don Juan, à la défaite des Turcs.

En fait de courage, de loyauté, d'honneur et de génie, Louis Balbe de Berton, chevalier de Crillon, avait de qui tenir; par ses ancêtres il remontait à une des plus grandes familles de l'aristocratie de Rome, à ces Balbus qui avaient donné à la république des Consuls, au monde des Empereurs.

Vers la fin du sixième siècle de l'ère chrétienne, à cette époque de revers et de désastres pour la ville-éternelle, le chef des Balbus quitta les bords du Tibre, et alla se fixer à Quiers, petite ville italienne, voisine du Montferrat. Les Balbes apportèrent dans leur nouvelle résidence quelque chose des traditions de leur berceau. Quiers dut à leurs soins une organisation républicaine; et ce petit état se soutint jusqu'à la création de l'empire de Charlemagne.

De puissantes rivalités se liguèrent contre les Balbes, et à la suite de différents échecs amenés par le malheur des temps, un d'eux, Gilles Balbe de Berton, abandonna Quiers, et s'établit à Avignon. De cette branche, sortit le chevalier Louis de Crillon, ainsi désigné par un nom de terre; il naquit en 1541, à Murs en Provence; mais si Avignon ne fut point son berceau, il y termina son éducation, et plus tard son tombeau devait s'élever dans nos murs.

Louis de Crillon eut l'enfance des du Guesclin, des Bayard, des Condé, de tous ces hommes d'action appelés au métier des armes par une irrésistible vocation, par le vœu de la providence.

A peine âgé de seize ans, le chevalier de Crillon fit ses premières armes sous le duc François de Guise; son père ne pouvait lui choisir une meilleure école pour le façonner à l'héroïsme; et les circonstances de son début dans la carrière militaire, étaient bien faites pour produire une vive impression sur cette âme d'élite.

La France gémissait accablée sous le poids de la sanglante défaite de Saint-Quentin; le duc de Savoie avait triomphé à la tête des vieilles bandes espagnoles; Philippe II se préparait à élever le pompeux monument de l'Escurial en l'honneur de cette victoire. Le duc de Guise se trouvait en Italie, Henri II le rappela, et Guise proposa une de ces entreprises hardies qui relève le courage abattu d'une nation; il parla du siége de Calais. Crillon y prit part en qualité de volontaire; le premier il monta sur la brêche, pénétra dans le fort de Risban, après avoir renversé dans le fossé le commandant Anglais qui lui disputait le passage. Cette action d'éclat ouvrit dignement une vie, qui ne fut qu'une longue suite de hauts faits.

Pendant cinq règnes successifs, sous Henri II, François II, Charles IX, Henri III et Henri IV, Crillon versa son sang sur tous les champs de bataille; et à l'exemple de Bayard, étranger au langage et à l'habileté des cours, il ne reçut point ce bâton de maréchal qu'il avait si bien gagné. Fait pour occuper les plus hautes dignités de l'armée, il ne remplit qu'un poste élevé sans doute, mais inférieur à son mérite.

Au reste, l'opinion de Henri IV, de ce prince si bon juge en matière stratégique, cette opinion ne laisse aucun doute à cet égard; en l'année 1600, Henri était à Lyon avec toute sa cour, où se trouvaient les ambassadeurs des premières puissances de l'Europe, il frappa Crillon sur l'épaule, en s'écriant : « Messieurs, voilà le premier « capitaine du monde, et je ne sache personne qui, « dans la science de la guerre, le surpasse. »

Avec sa franchise de soldat, Crillon répondit brusquement : « Vous en avez menti, Sire, je ne suis que le « second, vous êtes le premier. »

C'est à notre Crillon que le Béarnais avait écrit, quelques années auparavant, cet héroïque billet recueilli par l'Histoire :

« Pends-toi, brave Crillon, nous avons combattu à « Arques, et tu n'y étais pas ! Adieu, brave Crillon, je « vous aime à tort et à travers. »

HENRI.

Il est inutile de rappeler toutes les actions de cette belle existence ; un seul fait suffira pour caractériser l'homme, celui que l'on aime à étudier sous la cuirasse du héros. Bussy d'Amboise passait, sous le règne de Charles IX, pour le chevalier le plus intrépide de la cour, pour le *raffiné*, le plus brave du *pré aux clercs*. Il tenait à cette déplorable réputation, et n'entendait qu'avec un sentiment de rage l'éloge de Crillon. Un jour Bussy rencontre le chevalier dans la rue de Saint-Honoré, l'insulte du regard, et lui demande : Quelle heure est-il ? — L'heure de ta mort, s'écrie Crillon ; et les deux larges rapières se croisent, et de leur main gauche les combattants ont saisi leur dague.

Jamais on ne vit une lutte aussi égale, aussi acharnée ; enfin l'avantage commence à se déclarer pour Crillon ; mais le bruit attire de nombreux spectateurs qui interviennent, qui séparent les adversaires, et leur font sentir la nécessité de se réserver pour la France et pour le roi : Au revoir, a dit Crillon.

Quelques mois après, il est désigné pour faire partie de l'escorte du duc d'Anjou qui allait monter sur le trône de Pologne. Bussy était également de cette escorte.

Dans une ville de la Saxe, à l'issue d'un grand repas, Bussy se prit de querelle avec plusieurs gentilshommes : emporté par la vivacité de son caractère, il saisit son épée, et, seul, blesse quelques-uns de ses adversaires.

On l'entoure, on l'accable sous le nombre, on le charge de liens, on le jette au fond d'une prison. A cette nouvelle Crillon intercède pour Bussy, et le fait relâcher ; ensuite il lui envoie un gentilhomme pour convenir de l'heure et du lieu de leur combat, interrompu à Paris : on devine la réponse de Bussy ; tant de générosité le désarmait, et dès lors Crillon n'eut pas de meilleur ami.

Est-il nécessaire d'expliquer les motifs qui ont fait adopter à la famille Balbe de Berton le nom de Crillon, ce nom consacré par le chevalier, et sur le champ de bataille, et dans les épreuves des guerres civiles, comme dans le conseil des rois et dans la pratique des vertus chrétiennes, dont il demeura toujours le modèle : car si Henri le surnomma le *brave*, les pauvres l'appelaient leur père.

La gloire du *Brave des Braves* s'est retrempée plus d'une fois dans une illustration nouvelle. Ainsi au 18° siècle, le vainqueur de Mahon a montré qu'il avait dans le cœur du sang du frère d'armes de Henri IV.

Entré au service de France en 1731, le marquis de Crillon fit les campagnes d'Italie sous le marquis de Villars. Plus tard, à la tête d'un régiment qui portait son nom, il contribua glorieusement à l'immortelle bataille de Fontenoy. Le combat de Mesle, où il commanda en chef, vint ajouter à l'éclat de sa renommée, et il eut l'honneur, à Weissenfeld, avec dix-sept compagnies de grenadiers français, d'arrêter le Grand-Frédéric de Prusse. Quelques jours après, ses courageux efforts ne pouvaient empêcher la défaite de Rosbach, où il reçut une blessure à la cuisse.

Gouverneur des provinces de Picardie, d'Artois et du Boulonnais, il proposa d'armer des chaloupes canonnières, marchant à la voile et à la rame, pour opérer une descente en Angleterre. Ainsi en 1760, un Crillon devinait la grande entreprise, que devait préparer dans la suite le génie de Napoléon, sans l'exécuter.

Son projet ne réussit pas au conseil, alors il entra au service d'Espagne (1762); à cause du pacte de famille, c'était toujours verser son sang pour la France. La conquête de l'île de Minorque, consacrée par le titre de duc de Mahon, et de Grand-d'Espagne, avec le grade de capitaine-général des armées du roi catholique, atteste la reconnaissance de sa seconde patrie envers le digne neveu du brave Crillon.

Malgré les faveurs de la cour de Madrid, malgré les éloges flatteurs dont on le comblait à Versailles, le duc de Mahon n'oubliait point son pays natal, cette ville d'Avignon dont il était la gloire et l'amour.

Ainsi, au 18e siècle également, l'abbé de Crillon obtenait par ses écrits le suffrage de tous les hommes éclairés; et Voltaire lui adressait cette lettre que je suis heureux de publier, et qui prouve que toutes les supériorités se touchent.

LETTRE DE VOLTAIRE.

« *Il est honteux à l'homme de mettre l'humanité
» au nombre des vertus ; elle est moins son attribut
« que son essence ; être homme et ne pas être humain,
» c'est exister contre les lois de la nature.* »

» *Marc-Aurèle, Titus, ces hommes plus grands
» que les Dieux qu'ils adoraient, faisaient les délices
» du monde.* »

Voilà des traits, Monsieur, qui font voir que vous pensez avec la même grandeur d'âme que le brave Crillon combattait. Je vous ai une double obligation d'avoir fait cet ouvrage et de m'avoir honoré d'un exemplaire.

Si vous aviez suivi la profession des armes, vous seriez un guerrier très généreux. Vous avez suivi celle du sacerdoce, vous êtes compatissant, indulgent et tolérant. Vous regardez Dieu comme le père de tous les hommes ; il y a plus de soixante ans que j'ai la même foi que vous, mais je ne l'ai jamais trouvée si bien expliquée que dans votre ouvrage.

J'ai l'honneur d'être avec l'estime la plus respectueuse, et avec bien de la reconnaissance,

  Monsieur,

Votre très-humble et très-obéissant serviteur,

     VOLTAIRE.

LOUIS XIV

A AVIGNON.

SOUVENIRS HISTORIQUES.
19 MARS 1660.

Le 9 décembre 1659, le conseil ordinaire et extraordinaire de la ville d'Avignon s'assembla sur la nouvelle que le Roi devait quitter Toulouse pour aller en Provence. Dans cette séance, il fut arrêté que Messire Balthazar Fogasse, seigneur de la Bastie et d'Entrechaux, premier consul, serait député auprès de Sa Majesté pour la supplier d'honorer Avignon de sa présence. Comme la saison était très rigoureuse, et vu l'âge avancé du premier consul, on choisit, pour le remplacer, son fils Jean-Joseph Fogasse, seigneur de la Bastie. Il se rendit, le 9 janvier 1660, à Nismes, où il trouva le cardinal Mazarin qui lui annonça que le Roi arriverait à Nismes dans la soirée avec la Reine-mère.

Le député d'Avignon fut présenté au Roi, qui répondit en ces termes à son compliment : « Quoique les Avignonnais ne soient point mes sujets, je porterai toujours beaucoup d'affection à votre ville et à ses habitants. » Ensuite le monarque écrivit la lettre suivante en réponse à celle que lui avaient adressée les consuls :

A NOS TRÈS-CHERS ET BIEN-AIMÉS CONSULS D'AVIGNON.

« Très-chers et bien-aimés, nous avons reçu avec satisfaction, des mains de M. de la Bastie, votre député, la lettre que vous nous avez écrite en date du 6 courant. Nous avons accueilli avec plaisir l'assurance que ledit sieur nous a donnée de vive voix touchant la continuation de votre fidélité, et votre affection à notre service. Vous devez croire aussi que, dans les occasions qui se présenteront de vous donner des marques de notre bienveillance royale, vous nous trouverez toujours disposé à vous en faire sentir les effets. La présente n'étant qu'à cette fin, nous prions Dieu, très-chers et bien-aimés, qu'il vous aie en sa sainte garde. »

Nismes, 11 janvier 1660. *Signé* LOUIS.

Et plus bas : DE LOMÉNIE.

Outre cette lettre, M. de la Bastie fut également chargé de lettres extrêmement flatteuses écrites par la Reine-mère, par le duc d'Orléans, par *Mademoiselle* d'Orléans, par le cardinal.

Avant de venir à Avignon, le Roi se rendit à Arles, où le vice-légat vint lui faire sa cour. Dans l'intervalle, Mademoiselle d'Orléans avait passé deux jours à Avignon ; le vice-légat mit à sa disposition le Palais apostolique, mais elle préféra descendre à l'Hôtel de Crillon.

Enfin, le 19 mars, la nouvelle de la prochaine arrivée de Louis XIV se répandit dans la ville. La compagnie des chevau-légers de Sa Sainteté se rendit sur les bords de la Durance ; le vice-légat, le gouverneur des armes, le viguier, les consuls, s'y transportèrent avec une foule de gentilshommes et de citoyens notables. Le monarque fit son entrée par la porte St-Lazare, où il reçut les compliments du vice-légat et du gouverneur des armes. Ensuite, une jeune fille de neuf ans, d'une rare beauté et représentant la ville d'Avignon, offrit au monarque trois clefs en vermeil, attachées à un cordon de soie et d'or. Le Roi les prit, et dit aussitôt : « Rapportez-les où elles étaient. Elles se trouvent en trop bonnes mains pour ne pas les y laisser. »

Le docteur François Silvestre, remplaçant l'assesseur Savini qui était malade, adressa au Roi une courte harangue, au nom de la cité, après laquelle le premier consul présenta un baldaquin de velours azuré, semé de fleurs de lys sur un champ d'or avec les armes royales aux quatre faces, et que devaient porter le viguier, les trois consuls, l'orateur de la ville et le marquis des Issarts. Le Roi refusa cet honneur, et sa voiture se mit en route, précédée d'un détachement des mousquetaires de sa garde, et suivie des chevau-légers. La pluie tombait par torrents ; néanmoins, une foule immense se pressait dans les rues, que l'on avait sablées, et dont les maisons étaient tendues de riches tapisseries.

Sur la place du palais, le Roi fut salué par des salves d'artillerie.

Au-dessus de la porte de l'Hôtel de Ville avaient été placées les armes du Roi, de la Reine, à côté de celles du pape Alexandre VII ; sur le second plan, les armes du duc d'Orléans, et plus bas, celles de la ville, avec une inscription latine où l'on parlait de l'union des lis français avec les clefs de Saint-Pierre, et où Louis XIV était comparé à Clovis.

La Reine-mère arriva dans le même jour d'Apt, où elle

était allée visiter les reliques de Sainte-Anne. De la confiture et de la bougie furent selon l'usage offertes au Roi, à sa mère, au duc d'Orléans, à Mademoiselle d'Orléans. Les consuls présentèrent, en outre, au Monarque, deux cents médaillons en or; ces médaillons portaient, d'un côté, l'effigie du Roi, la tête couronnée de laurier; de l'autre, cette inscription latine :

Ludovico XIV, Galliæ et Navarræ Regi triumphatori.

Pendant les onze jours qui s'écoulèrent entre l'arrivée et le départ du Roi, il fit un voyage à Orange. Le reste de son séjour fut rempli par diverses visites aux établissements publics de notre cité, par une revue des mousquetaires et des chevau-légers de sa garde, enfin par les exercices religieux de la semaine sainte. Le Roi fit ses Pâques à Avignon, il lava les pieds à treize pauvres le jour du jeudi-saint, en mémoire du Rédempteur du monde, et accomplit d'autres actes de piété.

HOTEL DES INVALIDES

A AVIGNON.

— ⋈ —

Je me promenais dernièrement dans l'enclos de notre Hôtel des Invalides ; à l'aspect des grands ormeaux qui décorent le parc, en voyant ces carrés de verdure, ces belles allées, je ne pus m'empêcher d'éprouver un mouvement d'humeur contre les Avignonnais. Effectivement, avec les vents impétueux qui désolent notre pays, lorsque le mistral nous empêche de sortir de la ville, pourquoi ne pas aller sous les ormeaux des Invalides ? Où trouver une promenade plus agréable, plus pittoresque ! Quel calme on y goûte ! à peine y distingue-t-on le bruit lointain du vent. Et de quel intérêt dramatique cette enceinte se trouve animée par la présence des vétérans de notre gloire !

Elle fut grande et belle la pensée qui inspira Louis XIV, lorsqu'il ouvrit un asile aux débris ses armées, aux vétérans de Rocroy, de Philisbourg, des Dunes, de Senef. Ce cloître militaire « où l'art a mêlé les idées guerrières aux idées religieuses, et marié l'image d'un camp de vieux soldats aux souvenirs attendrissants d'un hospice », ce cloître militaire peut être regardé comme le chef-d'œuvre d'un siècle qui n'enfanta que des chefs-d'œuvre. Toutes les grandes puissances de l'Europe ont cherché à reproduire dans leurs Etats la noble création de Louis XIV ; mais nulle part n'a été égalée la simplicité majestueuse de cet édifice.

Formé de la réunion de deux anciens couvents, l'Hôtel d'Avignon ne peut, sous le rapport de l'architecture et de la disposition des bâtiments, être mis en parallèle avec l'Hôtel de Paris. Il n'a point, comme ce dernier, des fossés, des glacis, des pavillons, des remparts. Le dôme du bâtiment affecté à la lingerie n'est pas revêtu de lames d'or pur comme le dôme de la chapelle de l'Hôtel de Paris, nouvelle magnificence que Napoléon voulut ajouter à l'œuvre de Louis-le-Grand pour s'associer en quelque sorte à la gloire du fondateur. Tout cela nous manque. Une rue mal percée conduit à notre Hôtel, dont une simple grille, gardée par quelques vétérans, défend l'entrée. A droite s'élèvent le réfectoire, les cuisines et une partie des bâtiments; en face et sur la gauche se développent le parc et les jardins qu'encadre au nord un mur de clôture et que terminent au midi et au couchant la chapelle et l'infirmerie. Ce n'est plus la pompe de Paris, ce n'est pas la même solennité. D'ailleurs, on s'est contenté d'utiliser des bâtiments déjà existants. Pourtant l'ensemble de notre Hôtel offre une admirable harmonie qu'augmente encore ce mélange d'héroïsme et de souffrance qui en caractérise les habitants.

Ces ormeaux chargés d'années, ce gazon où viennent s'asseoir les héros d'Austerlitz et de Wagram; cette cour qu'entoure un élégant portique; ces corridors décorés des noms de Marceau, de Kléber, quelle source féconde d'attendrissement et d'intérêt! Ces corridors sont habités par des soldats de Kléber et de Marceau. Interrogez-les, ils vous parleront de ces deux capitaines sitôt ravis à la France. Ils vous montreront Marceau versant des larmes brûlantes après la prise de Verdun; et répondant au représentant qui lui offrait une indemnité pour la perte de ses équipages: *Un sabre, un sabre pour venger notre défaite!* C'est avec une voix émue qu'ils vous parleront de la terre des pyramides, des sables de l'Egypte, car ils se signalèrent dans cette expédition aventureuse qui donne aux pages sévères de l'histoire contemporaine les teintes brillantes de la poésie et du roman.

Ainsi, le même intérêt s'attache à notre Hôtel et à celui de Paris. En visitant l'établissement d'Avignon, les ennemis de la France pourraient encore entendre la réponse qui humilia l'orgueil de l'ambassadeur d'Angleterre. Ce seigneur visitait avec Louis XIV l'Hôtel des Invalides. — Monsieur l'ambassadeur, dit le monarque en montrant quelques soldats mutilés : voilà les plus braves gens de mon royaume ; ils sont couverts de blessures. — Que pensez-vous, sire, de ceux qui les leur ont faites ? — Ils sont morts ! répondit un vétéran.

DU PATOIS D'AVIGNON.

La langue romane, la langue d'Oc, que parlaient les habitants des vastes états soumis aux Comtes de Toulouse, cette langue dans laquelle chantaient les Troubadours, depuis les murs de Poitiers jusqu'au pied des Alpes, et depuis les Pyrénées jusqu'aux grèves de la Méditerranée, sœur jumelle de l'Italien, de l'Espagnol, du Portugais, la langue d'Oc a été vaincue par la langue d'Oui. La *Provence* a subi la loi française. Et par ce nom de Provençaux on sait que l'on désignait les divers peuples qui suivirent à la première croisade la bannière de Raymond IV, de Saint-Gilles et de Toulouse; ces Provençaux qui pouvaient, sans l'intervention d'un truchement, converser avec les Italiens, les Espagnols, les Portugais; car eux aussi parlaient un idiome dérivé de la langue latine.

Cet idiome a eu ses jours de gloire, ses poètes inspirés; il a retenti sur d'illustres champs de bataille, au milieu des pompes des cours les plus brillantes de l'Europe, dans les conseils des princes et des rois. Il a prêté ses inflexions harmonieuses aux discussions des Cours d'amour, aux raffinements d'une société élégante et polie, aux intérêts d'un commerce rempli de mouvement et d'activité. Qu'en reste-t-il aujourd'hui? — Quelques patois, plus ou moins altérés, qui chaque jour se dénaturent, s'abâtardissent, et qui d'heure en heure subissent l'influence de la conquête française. Comme au treizième siècle, comme au temps des Albigeois, le Nord envahit le Midi.

Parmi ces patois, humbles et modestes idiomes populaires, bannis des salons à la mode, relégués dans les granges de la campagne, dans les échoppes et les ateliers des villes, débris d'une des langues les plus harmonieuses, les plus pittoresques qu'il ait été donné à l'homme de parler; parmi ces patois méridionaux, celui d'Avignon occupe un rang distingué. Il lutte presque de grâce et de suavité avec les patois de Montpellier, de Toulouse, d'Agen; et il l'emporte de beaucoup sur ceux de Nismes et de Marseille. Dans le deuil commun, nous avons encore à nous féliciter.

La pureté de notre climat, la transparence de l'air, les belles eaux qui, de toutes parts, arrosent notre campagne, l'écharpe de prairies qui nous environnent, telles sont les causes qui ont contribué à donner au patois avignonnais un caractère mignard et coquet qui contraste avec le patois parlé de l'autre côté du Rhône, à Villeneuve, par exemple. Les philologues n'ont peut-être pas assez tenu compte de l'influence du climat sur le langage de l'homme. Cette influence est pourtant facile à apprécier; elle se révèle, elle se manifeste clairement. L'habitant des plaines grasses et fertiles n'aura point les mêmes intonations que l'habitant des montagnes, dont la voix a besoin de dominer le fracas de l'orage, le rugissement des vents, le bruit des cascades torrentueuses, pour que ses paroles ne se perdent point en sons vagues et à demi articulés. La vallée ne ressemblera point à la plaine, et les grèves de la Méditerranée, comme les falaises de l'Océan, amèneront forcément d'autres aspirations.

Une considération, non moins importante pour achever de caractériser notre patois, c'est le contact de la langue, des mœurs et des habitudes italiennes pendant une série de plusieurs siècles. Précisément, à l'époque où notre ville a donné l'hospitalité à la cour de Rome, où Avignon est devenue l'asile d'une foule de proscrits, forcés ou volontaires, qui arrivaient de l'autre côté des Alpes; à cette époque, les langues romane et italienne pouvaient traiter de puissance à puissance. C'est le génie de Dante, de Pétrarque, de Boccace qui, jeté dans un des plateaux de la balance, la fit pencher en faveur de l'Italie. Mais qui pourrait calculer l'avenir réservé à notre idiome populaire, s'il eût été la langue du gouvernement, si le Midi l'eût emporté sur le Nord?

Les Montaigne, les Regnier, les Malherbe, les Pascal, les Racine se seraient dès lors emparés de cet élément déjà si souple, de cet instrument si harmonieux; à ces richesses natives, ils auraient ajouté les trésors de leur génie, les ressources de leur imagination. Qui peut mesurer le point de perfection où serait parvenu l'idiome des Troubadours, retrempé au foyer de cette civilisation majestueuse qui distingue le siècle de Louis-le-Grand? Croit-on que l'autorité de la cour la plus polie qui ait jamais existé, croit-on que la galanterie passionnée du royal amant de Madame de la Vallière, n'eussent pas agrandi, ennobli la sphère de notre idiome populaire, de ce gracieux enfant du Midi?

Et la voix austère de Bossuet retentissant sous les voûtes de la vieille cathédrale de Notre-Dame; et la plume facile de Madame de Sévigné courant sur le papier destiné à charmer les instants de Madame de Grignan et les loisirs de la postérité : cette voix du dernier père de l'Eglise, cette plume d'or guidée par l'amour maternel, n'auraient-elles pas complété les destinées de la langue d'Oc ?

Certes, ces questions sont bien naturelles lorsque l'on compare les poésies des Troubadours avec nos poésies patoises d'une date plus récente ; lorsque, malgré les continuelles invasions du Français, malgré la supériorité politique et sociale du Nord sur le Midi, sinon vaincu, du moins soumis, on voit toute la fraîcheur qui distingue encore le langage des classes les plus pauvres de nos villes et de nos campagnes.

D'abord, un mérite que je ne saurais trop signaler, et dont la langue française déplore vivement l'absence dans ses éléments constitutifs, un mérite inappréciable, c'est la construction si logique, si rationnelle de notre patois, qui interdit toute amphibologie, toute erreur de modes, de genres, de temps, qui force à bien parler l'homme le moins instruit, le moins habile dans les finesses grammaticales.

Nos nourrices remplacent pour nous les règles de la syntaxe, de ce tyran capricieux et inflexible de la langue française, qui, dès notre enfance, nous coûte tant de larmes, en attendant de nous poursuivre de ses exigences pendant tout le cours de notre carrière.

C'est merveille aussi que d'écouter l'entretien de deux

hommes du peuple, de deux jeunes filles de la campagne, dans ce bel et bon patois qui va si bien à l'exubérance, à la chaleur des imaginations méridionales. Combien d'expressions poétiques, d'images chaudement colorées, combien de mots heureux qui détachent en relief la pensée, qui l'illuminent d'une éblouissante clarté!

Le patois semble donner de l'esprit au dialogue, des ailes à la conversation. Il prête peu aux sujets graves, aux matières abstraites, aux discussions philosophiques; une traduction du *Phédon* de Platon me semble à peu près impossible dans notre idiome populaire. Les expressions, l'accent qu'elles demandent, leur mignardise, contrasteraient étrangement avec l'élévation des idées. Mais en revanche, il offre d'admirables ressources à l'épigramme, à la satire, à la comédie, à la chanson. Comme l'italien, il mérite d'être appelé la langue de l'amour. Seulement, il déchire les voiles, il effarouche la pudeur, il évite les détours, répugne aux périphrases, et nomme chaque objet par son nom. Sous ce rapport, c'est bien un des fils aînés de la langue latine : car *il brave l'honnêteté*.

Je ne connais pas d'ouvrage sérieux écrit en patois avignonnais ; je n'ai lu ou entendu réciter que des poésies légères ou érotiques ; des tableaux dont les auteurs ont fait grimacer leur modèle : ces compositions devraient être recueillies, disséminées qu'elles sont dans des compilations toujours plus rares, ou conservées seulement dans la mémoire de quelques hommes de goût, sincèrement dévoués à leur Avignon. N'essayez pas de les traduire, le parfum du vase s'évaporerait soudain ; leur charme réside surtout dans l'originalité des expressions.

Il en est de même de la plupart des conversations que l'on entend chaque jour, quoique d'heure en heure le bon, le vieux patois disparaisse sous le niveau et la herse de la langue française : ces conversations si piquantes, si animées, si étincelantes de verve et de saillie, n'ont aucun sel dans une traduction. Ce n'est pas même la gravure d'un tableau.

Long-temps encore, pour les classes populaires d'Avignon, le patois sera la langue maternelle, celle que l'on a sucée avec le lait, qui est infiltrée dans le sang ; la langue où chacun a pensé, a souffert, a aimé. Une ligne de démarcation, bien tranchée, a toujours existé pour les personnes venues des pays français, que l'on désigne par le nom de *franchimans*. On ne saurait croire aussi à quel point sont décolorées les conversations en français de ces mêmes hommes qui ont tant de saillies dans leur patois. On voit que les idées se pressent en foule dans leur cerveau, mais que le mot propre n'arrive pas sur leurs lèvres.

C'est surtout dans les séances judiciaires que cette remarque frappe l'observateur. De nombreux témoins paraissent devant la cour d'assises ; ils répondent lentement aux questions, ils semblent embarrassés de leur pose, de leurs gestes, ils souffrent : que le président les autorise à s'exprimer en patois, soudain l'attitude change, la physionomie s'anime ; plus de tâtonnements, plus d'embarras. Le récit coule à pleins bords, comme un fleuve enflé par le tribut de vingt rivières.

Pas une nuance qui ne soit saisie, indiquée, pas un ridicule qui ne se détache, comique et vrai, pas une expression qui ne fasse tableau. La statue de Pygmalion a reçu le souffle inspirateur, le marbre pense et existe.

Je pourrais terminer ces considérations rapides par des noms propres, mais pour cela il faudrait analyser les différents âges de notre patois, les révolutions qu'il a subies, ses progrès, ses conquêtes et sa décadence, travail qui dépasserait le cadre de ce volume.

Je signalerai seulement Saboli, dont les délicieux *Noëls* doivent être considérés comme les chefs-d'œuvre du genre, comme des modèles de grâce, de finesse et de naïveté. Les teintes ne sont ni bibliques ni évangéliques, il n'y a point de couleur locale ; l'auteur, en parlant de la naissance du Sauveur du monde, s'occupe exclusivement d'Avignon. A cet égard, le recueil de Saboli est le tableau le plus fidèle, le plus frappant de vérité que l'on ait jamais tracé de nos mœurs populaires, de nos préjugés, de nos habitudes : tout s'y trouve, jusqu'aux petites tracasseries dont les Juifs étaient poursuivis par nos pères.

De nos jours, plusieurs poètes ont cultivé avec bonheur la muse patoise ; à leur tête se place Hyacinthe Morel, dont le *galoubet* a reproduit les accords des Troubadours. Un autre Avignonnais avait également obtenu une popularité méritée ; il se nommait Martel. Compositeur d'imprimerie, simple ouvrier, la nature l'avait richement doué : souvent, dans les derniers jours de carnaval, il se promenait dans les rues, monté sur un chariot, et de ce théâtre ambulant qui rappelait Thespis et le berceau de l'art dramatique, il jetait à la foule charmée des vers remplis d'originalité, des vers quelquefois improvisés, qui saisissaient au passage un ridicule, burinaient une figure grotesque, et provoquaient de longs éclats de rire.

UNE MATINÉE

DE

JOSEPH VERNET.

Il est des noms qui portent bonheur, il est des familles où le talent se transmet par héritage, par substitution, pourrait-on dire, tant le fils et le petit-fils prennent à tâche d'augmenter le trésor de gloire recueilli par le père et l'aïeul. Ainsi de nos Vernet.

Quatre générations successives se sont légué le pinceau; Antoine, Joseph, Carle et Horace Vernet: à ce dernier s'arrête cet héritage de succès et de triomphes; je me trompe, il continue dans son fils adoptif, dans le digne époux de sa fille unique, dans ce Paul Delaroche, auquel l'art doit tant de tableaux saisissants, tant de pages dans lesquelles il se montre à la fois poète et philosophe.

Joseph Vernet naquit à Avignon, en 1714; son père, Antoine, lui révéla les premiers principes de la peinture, dans laquelle il se distinguait; dès l'âge de neuf ans, Joseph fit pressentir ce qu'il serait un jour. Enfant, il était déjà en état de pourvoir à ses besoins et de gagner sa vie. Tour-à-tour, il peignait des panneaux de chaise à porteur, des dessus de porte, des écrans de cheminée. Ce qu'il appela dans la suite les jeux de son enfance était digne d'attirer sur lui l'attention. Cette supériorité précoce ne pouvait échapper à la sagacité d'un père; il y avait là de quoi faire tressaillir un cœur d'artiste; aussi Antoine Vernet envoya son fils à Rome, dès qu'il eut atteint sa dix-huitième année.

Le reste de sa carrière est trop connu pour que j'aie besoin de suivre pas à pas le talent le plus vrai du dernier siècle, l'artiste qui, dans un âge où le prétentieux et le maniéré l'emportaient, eut le courage de demeurer fidèle au culte de la nature. Un mot de Louis XV suffit à la gloire de Joseph Vernet. On parlait au roi de la décadence de la marine française, on lui rappelait les souvenirs des du Quesne, des Tourville, des Forbin. — Vous n'avez plus de marine, Sire...... — Et Vernet! répondit-il (1).

Gloire, honneurs, amitiés illustres, nobles missions, et les faveurs les plus éclatantes de la renommée, et les faveurs les plus lucratives de la vogue, tout concourait à embellir les jours de Joseph Vernet. Au milieu de tant de prestiges et d'enivrement, son cœur portait la même affection à sa ville natale, à ses concitoyens, aux hommes éclairés qui avaient joui de ses premiers succès. Il se plaisait à revenir au milieu des Avignonnais, il y résidait long-temps; n'y trouvait-il pas, avec un public sympathique, le burin de Balechou destiné à populariser l'œuvre du peintre, à multiplier ses belles productions dans l'intérêt de sa célébrité et de nos jouissances?

Parmi les ouvrages de ce pinceau qui ne connut ni repos, ni vieillesse, se trouvait un tableau spécialement chéri de son auteur. C'était comme un enfant gâté, objet de la plus tendre, mais de la plus légitime prédilection, le plus beau fleuron d'une couronne d'artiste. Les riches amateurs d'Avignon, de Paris, d'Angleterre, avaient en vain cherché à acquérir ce tableau; le peintre refusait

(1) Je n'ai voulu tracer ici qu'un épisode de l'existence de Joseph Vernet; je viens de terminer un Essai biographique et artistique sur ce grand peintre; cet Essai forme un volume in-12, et paraîtra en mars 1836, sous les auspices de MM. Carle et Horace Vernet, qui ont eu la bonté de me fournir de curieux documents.

toujours de s'en séparer; il y attachait une sorte de superstition; il voulait le conserver pour ses enfants.

Grande fut la réputation de ce tableau: plus le peintre manifestait sa prédilection et ses refus, plus les désirs de possession s'enflammaient, plus il y avait concurrence parmi les soupirants. Un d'eux surtout s'obstina; c'était un Anglais qui aimait les arts jusqu'à la passion, et que la présence de Joseph Vernet avait attiré à Avignon. Il ne fut guère plus heureux que ses devanciers; il vit ses offres tour-à-tour rejetées. Enfin, tentant un dernier moyen de séduction, il proposa au peintre de couvrir la toile d'une double couche de pièces d'or.
— A ce prix, dit-il, me céderez-vous le tableau tant désiré?

La bizarrerie de l'idée plut à Vernet, et la proposition de l'Anglais fut fidèlement remplie. On ne dit pas à quel chiffre s'élevèrent les pièces d'or; mais il est aisé de calculer combien de *louis* tiennent sur une superficie de quelques pieds carrés.

La somme était considérable pour l'époque et même pour Vernet qui, lui-même, offrait douze mille francs de quatre tableaux qu'il avait faits à Rome dans sa jeunesse, et qui lui avaient été payés environ cinq cents livres de France. Quelques amis le félicitèrent sur ce marché. — Plaignez-moi plutôt, s'écria-t-il, j'avais terminé les eaux dans une matinée.

Effectivement, la partie la plus remarquable de ce

tableau ne lui avait coûté qu'une matinée de travail; il est vrai que leur transparence indiquait qu'il n'y avait pas une seule retouche; le pinceau avait couru sur la toile.

La même année, 1789, vit mourir Joseph Vernet et naître son petit-fils Horace. Le génie de l'art donnait un dédommagement à la France; et pour cette race privilégiée devait se reproduire l'exemple si rare du père et du fils, membres tous les deux de l'Académie.

Je laisse maintenant à Joseph Vernet le soin de se peindre lui-même : Voici quelques fragments d'une lettre qu'il écrivait d'Avignon à un de ses meilleurs amis, à Paris :

Avignon, le

« Oui, mon cher ami, je suis ici dans ma patrie, et chez mon fils aîné; j'y suis fêté, on ne peut pas plus, et mon amour-propre est en pleine jouissance : je vous raconterai tout cela quand nous nous verrons.

« Carle et moi, avons fait un voyage à Marseille, qui nous a pris cinq jours; deux pour aller et venir, trois de séjour : encore là, j'ai lieu d'être content de l'accueil qu'on m'y a fait. Je ne saurais vous dire le plaisir que m'ont fait la mer et le port; j'ai été plus long-temps sur l'eau que sur terre. J'étais bien là, comme un poisson dans l'eau, quoique je fusse dessus.

« J'ai été deux fois chez les MM. Michel, à leur campagne de St.-Perest; j'ai été une fois à Long-Champ, campagne de M. Aubert, cet endroit délicieux par les eaux que la fontaine de Vaucluse lui fournit : de grands dîners, grands soupers, tant et plus de toute part; il me faudrait bien au moins trois mois pour assister à toutes les invitations. Depuis notre départ de Paris jusqu'à présent, nous avons eu le plus beau temps du monde; aussi mes fils et moi, nous nous portons à merveille. . . . .
. . . .
« Je regrette bien aussi notre fête de Saint-Cloud, mais on ne peut être partout : je n'ai pas été, et je n'irai point à Vaucluse; on dit qu'il n'y a presque pas d'eau. J'ai été à St.-Perest, chez les bons Michel, à Long-Champ, chez le cousin de M. Aubert, où nous avons été fort bien accueillis, et où tout le monde m'a demandé de vos nouvelles, ainsi que bien du monde à Avignon. Le vice-légat a donné hier une fête magnifique au duc et à la duchesse de Cumberland, bal, jeu, grand souper. M. le duc de Crillon est arrivé hier..... au bruit du canon, à deux heures après-midi; il a assisté le soir à la fête du vice-légat, qui a été vraiment magnifique ; soixante-dix femmes, parées de la plus grande élégance, étaient à table; moi et mes fils, nous avons assisté à cette fête, où le vice-légat nous avait invités. »

En regard de cette lettre qui résume et révèle si bien

l'homme de goût et de cœur, il ne sera peut-être pas sans intérêt de placer le récit des sentiments que lui a voués la population avignonnaise, et qui se sont si hautement manifestés en 1826.

L'académie de Vaucluse avait eu l'heureuse et patriotique pensée de mettre au concours, pour sujet d'un prix de poésie fondé par M. de Stassart, cet épisode décisif de la vie de Joseph Vernet, alors qu'attaché au mât de la felouque *Santa Maria*, l'artiste peignit les effets de la tempête à la lueur des éclairs, au milieu des roulements de la foudre. En 1822, cet admirable sujet avait inspiré le talent d'Horace Vernet. Hommage de la piété filiale, ce tableau parut seul au salon d'où un injuste arrêt éloigna trente autres pages de ce pinceau rapide, infatigable, qui enfante des chefs-d'œuvre en courant sur la toile.

Ut pictura poesis, avaient dit les membres de l'Académie de Vaucluse, et ils firent un appel aux muses françaises. M. Bignan, si connu par ses nombreux triomphes, remporta le prix; il fut décerné, le 10 octobre 1826, avec une pompe qui renouvelait les magnifiques solennités de la Grèce des temps antiques, honorant le génie comme une puissance, et se levant par un mouvement spontané à l'aspect de Platon, de même qu'à l'aspect de Thémistocle.

Pénétrés d'une reconnaissance profonde pour la manifestation de tant de sympathie à l'égard de Joseph Vernet, pour le choix du sujet de concours académique, le fils et le petit-fils du grand artiste, Carle et Horace, ses dignes émules, étaient accourus à Avignon, ajoutant par leur présence un nouvel éclat à cette fête de la poésie et des arts.

Ils venaient chacun avec une offrande pour le musée de peinture qui allait s'ouvrir sous leur invocation, qui devait porter le nom de GALERIE VERNET. Carle apportait sa belle page représentant une course de chevaux à Rome pendant le carnaval, et Horace, ce tableau de Mazeppa attaché sur un coursier fougueux et poursuivi par des loups, tableau dans lequel le peintre rivalise de verve et d'audace avec le poème de Byron.

Un peuple entier battait des mains sur leur passage; Avignon avait revêtu ses habits de fête; et de toutes les bouches s'échappait ce cri gravé dans tous les cœurs : *Vivent les Vernet!* éloquent témoignage de la royauté du talent.

Venise a-t-elle jamais mieux honoré son Titien? L'inauguration de la Galerie Vernet eut lieu le 12 octobre, deux jours après la séance de l'Académie de Vaucluse. Par une attention touchante, l'administration municipale avait chargé un Avignonnais d'exécuter en marbre le buste de Joseph Vernet. Joseph Brian s'acquitta de cette mission en artiste formé à l'école de Bosio et avec cette inspiration qui vient de l'âme. Son ciseau créateur avait rendu à la cité son illustre enfant, à Carle et à Horace un

16

père et un aïeul. Notre jeune Brian préludait ainsi aux brillantes destinées qui l'attendent, et auxquelles s'est associé son frère, jaloux de montrer qu'à Avignon la gloire est solidaire chez les Brian comme chez les Vernet.

LA BISE.

A croire un vieux proverbe, et les proverbes sont la sagesse des nations, nous devrions bénir, nous autres Avignonnais, cette *bise* impitoyable qui désole nos contrées, et renverse parfois nos maisons. *Avenio ventosa*, dit un ancien adage latin, *cum vento fastidiosa, sine vento venenosa :* Avignon, ville exposée au vent, avec lui désagréable, sans lui insalubre. Voilà qui est puissamment raisonné pour la présence du vent et le désagrément qu'il occasionne : jusque là rien de mieux. Mais il n'en est pas de même sur l'article insalubrité.

Beaucoup de gens répètent ce dicton, et en prennent texte pour admirer les sages dispositions de nos aïeux. — Examinez, disent ces courtisans du temps passé, comme ces rues étroites, en zig-zag, sont bien calculées pour arrêter le vent, pour emprisonner son essor!

N'en déplaise à ces Messieurs, cette disposition bizarre fut le pur effet du hasard; la sagesse de nos aïeux n'y entra pour rien. Chacun bâtissait à son gré, selon son caprice, sans s'inquiéter de l'alignement et même sans songer à la voie publique. Notre ville entière s'éleva de la sorte, et lorsque cette irrégularité frappa l'attention des agents du pouvoir, il n'était plus temps d'y remédier, à moins de tout détruire pour réédifier ensuite sur un plan uniforme.

C'est à cette époque que l'on élevait des maisons où chaque étage empiétait sur l'étage inférieur, maisons dont quelques-unes subsistent encore, de sorte que si la même disposition se reproduisait en face, les saillies de la toiture s'uniraient en forme de pont. Dès-lors, défense au soleil de darder ses rayons dans la rue, même en plein midi, et quant au vent, il ne s'y introduisait que par des routes obliques : double circonstance qui pourrait justifier le proverbe Avignonnais au sujet de l'insalubrité.

Comme on le voit, nos pères n'eurent aucun mérite à faire de leur ville une espèce de labyrinthe: ils ne s'occupèrent nullement de la bise : au contraire, le simple bon sens leur eût démontré que le vent, emprisonné dans son essor, en acquiert une nouvelle énergie.

Comme agent de salubrité, son secours me semble donc tout-à-fait inutile : avec de la propreté, des soins, et les ressources de l'hygiène, on peut fort bien remédier aux inconvénients que cause l'absence de vents violents. Nous ne sommes pas dans un pays humide, quoique entourés du Rhône, de la Durance, de la Sorgue et de plusieurs sources et canaux. Ce sont là des eaux courantes, par conséquent, elles ne renferment point de principe épidémique.

Certes, les Hollandais ont eu à vaincre d'autres obstacles et sans le secours de la *Bise*. Je ne pense pas, néanmoins, qu'on vive moins long-temps à Amsterdam qu'à Avignon. Il est vrai, pour finir comme j'ai commencé, que la *propreté hollandaise* est passée en proverbe.

LES COUREURS DE TESTAMENTS.

ESQUISSES DE MOEURS.

C'est une classe d'hommes bien distincte, bien caractérisée que l'on retrouve à toutes les époques, dans tous les pays civilisés, et sous toutes les latitudes. S'il faut en croire les écrivains grecs et latins, Athènes et Rome furent atteintes de cette lèpre; mais sans vanité nous pouvons réclamer la supériorité en ce genre, et notre civilisation moderne favorise merveilleusement *les coureurs de testaments ;* chez nous, c'est presque une profession. Il n'y manque absolument que la patente.

 Grande flexibilité de l'épine dorsale, langage mielleux, patelinage dans les manières, physionomie effacée, odorat subtil, voilà les signes caractéristiques pour reconnaître ces braves gens. Jamais leur adresse ne se trouve en défaut. Ils frappent constamment à la porte des vieux oncles et des vieilles tantes. Malheur aux neveux qui les voient s'installer ainsi chez leurs parens ; l'héritage attendu est menacé d'une diminution certaine ! Qu'ils patientent pourtant, qu'ils se taisent surtout, sans quoi l'étranger, avec son langage mielleux, aura bientôt joué le rôle du *Tartuffe* du divin Molière. Par excès de vertu, il laissera dresser le testament en sa faveur, et le pauvre neveu sera frappé d'une sentence d'exhérédation. Un parent déshérité, et pour qui l'indignation publique est au comble : peu importe à notre héritier. Il s'enveloppe dans son humilité ; il adoucit encore plus son langage, courbe la tête, renfonce sa joie, et dans les rues glisse plutôt qu'il ne marche le long des murailles. Le public est oublieux de sa nature ; bientôt un autre objet, un autre événement, absorbent toute son attention. Alors notre homme jouit en sécurité de sa nouvelle fortune.

 Ne croyez point qu'il en reste là. Les sangsues gorgées de sang abandonnent leur proie. Il n'en est pas de même des *coureurs de testaments*. Leur ardeur s'augmente par le succès. Seulement le succès ne leur donne pas le plus léger orgueil. Au contraire, ils cherchent de plus en plus à s'humilier. Et comme les masses se laissent toujours prendre à l'apparence, cette prétendue humilité finit par désarmer l'opinion publique. On amnistie, en quelque sorte, ces scandaleuses fortunes, prix de la flatterie, de la bassesse, et élevées sur les ruines des droits les plus sacrés.

Jusqu'à présent je me suis contenté de peindre des généralités; mais peut-être un portrait isolé est-il nécessaire pour représenter, avec plus de relief, les hommes qui font le sujet de ces pages, pour les spécialiser en un mot, et leur prêter les réalités de l'existence.

Or, vous saurez, amis lecteurs, que je traversais, naguère, une rue d'Avignon. Tout-à-coup une voix flûtée m'appelle, je lève la tête, et à la fenêtre d'une maison voisine je reconnais un de ces individus dont j'ai tracé le signalement: figure effacée, langage mielleux, ton patelin. C'était bien à moi qu'on en voulait. Je m'arrête. Un second coup d'œil jeté sur la maison qui appartenait à un célibataire affligé de quatre-vingts ans et de vingt mille livres de rente, m'a tout appris. Bientôt paraît l'homme qui m'avait appelé; il m'invite à le suivre. — De grand cœur, Monsieur, lui dis-je, et j'ajoutai tout bas : étude de mœurs, véritable bonne fortune pour mon travail sur Avignon.

Effectivement le tableau était digne d'être reproduit. Une grande chambre tendue de brocatelle, un lit à baldaquin où était couché le propriétaire de la maison; enfin, autour de ce lit, un notaire et cinq témoins que je devais compléter. La demi-douzaine était nécessaire; il s'agissait d'un testament mystique, dicté par notre octogénaire, et écrit par l'homme au doux parler.

On procède selon les règles; le testateur déclare que ce papier renferme l'expression de ses dernières volontés pour lesquelles il a emprunté la plume de son excellent ami. Pendant ce discours, l'excellent ami, par respect sans doute pour les formes légales, suivait d'un œil les opérations du notaire, et de l'autre, les dispositions du Code civil, art. 976 et suivants.

Quelques jours après, notre octogénaire avait cessé de vivre, et les témoins furent convoqués pour l'ouverture du testament mystique. Mon attente ne fut point déçue. L'excellent ami avait poussé la résignation au point d'écrire de sa propre main un legs de vingt mille écus en sa faveur. *Le pauvre homme!*

LE QUARTIER

DE LA JUIVERIE.

ESQUISSES AVIGNONNAISES.

Un violent incendie qui, en 1822, dévora plusieurs maisons de ce quartier, lui a fait perdre une partie de son caractère primitif; d'ailleurs ses anciens hôtes l'ont presque entièrement abandonné : cependant beaucoup de traces du passé y subsistent encore, et à des jours réguliers, les enfants d'Israël y reviennent pour célébrer les cérémonies de leur culte.

En traversant ce quartier, on ne peut se défendre d'une vive émotion lorsque l'on vient à penser combien ceux qui l'habitaient y étaient malheureux autrefois. Mallet du Pan nous a laissé un tableau déchirant de la situation des Juifs à Francfort-sur-le-Mein; madame de Staël, dans les premières pages de *Corinne*, reproduit quelques traits de ce tableau, mais la scène se passe en Italie : eh bien! à Avignon, les Juifs étaient encore plus à plaindre. Comme à Francfort, comme à Ancône, tous les soirs ils étaient enfermés dans leur quartier. Captifs sans être coupables, ils ne pouvaient la nuit errer librement dans les rues de la ville. On les parquait ainsi que des troupeaux. Ce n'est pas tout : un usage barbare les condamnait tous à porter un signe distinctif; les hommes un chapeau jaune, les femmes un ruban de cette couleur, sans exception de rang, d'âge, ni de fortune.

Signalés de la sorte à l'animadversion publique, ils étaient exposés aux insultes de la populace, et aux outrages des enfants, de *cet âge sans pitié*, comme le dit si bien Lafontaine. Trop souvent les hommes faits rivalisaient de férocité avec les enfants : un seul trait justifiera mon assertion.

Un jour, il y a de cela une cinquantaine d'années, un Juif sort précipitamment d'un magasin; le marchand paraît sur sa porte, et adresse quelques mots au Juif, sans doute pour le rappeler. Un homme qui cheminait tranquillement aperçoit cet individu au chapeau jaune, s'élance sur lui, le terrasse et l'accable de coups. Puis s'approchant du marchand, il lui dit en patois : Avez-vous vu comme je l'ai arrangé ? Et que vous avait fait ce coquin ?

A cela les partisans du temps passé répondront que les Juifs d'Avignon étaient fort riches, qu'ils faisaient un grand commerce, qu'ils jouissaient d'un immense crédit. Vous trouverez même dans quelques vieux écrivains qu'ils étaient fort instruits, et que parmi eux se rencontraient des rabbins très-distingués par leur vaste érudition.

Qu'importe la richesse, le crédit, la science, sans le repos, sans la liberté, alors qu'on est signalé comme de vils ilotes, alors qu'ils étaient forcés, chaque année, au retour de la Fête-Dieu, de contribuer de leur or aux pompes de la religion catholique ? Qu'était-ce qu'une pareille existence ? Encore pour l'honneur de l'humanité, je ne remonte pas au-delà du 18º siècle.

Pendant long-temps les Juifs d'Avignon furent forcés, comme ceux de Rome, d'entendre chaque année un sermon sur la Passion du Sauveur ; ils allaient pour cela dans le Palais des papes ; et le choix du texte était de nature à produire sur leur esprit une vive impression. Toutefois, les conversions ne répondant pas aux espérances qui avaient provoqué cette mesure, on la laissa peu à peu tomber en désuétude, tandis qu'à Rome elle subsiste encore de nos jours.

Un jour plus doux luit enfin sur les débris du peuple de Dieu ; la France a trouvé parmi les Juifs de bons citoyens. Elle leur en a donné le titre et les droits ; ils en ont montré le dévouement et les vertus.

LE TOMBEAU

DU CARDINAL

DE LA GRANGE.

Dans l'Eglise des Bénédictins, à droite du grand autel de St-Martial, s'élevait autrefois un magnifique mausolée en marbre blanc et en albâtre de Gênes. Sur ce monument, qui tenait depuis la voûte jusqu'aux dalles du pavé, étaient sculptés des bas-reliefs, représentant les mystères du Christ et de la Vierge. On y remarquait encore plusieurs statues d'un relief très-prononcé. Une entr'autres était célèbre parmi les artistes ; le peuple l'avait désignée sous le nom de *Transi*.

Au commencement de la révolution, une partie de ce monument fut sauvée par la précaution que l'on eut de l'ensevelir dans la terre, en exhaussant le pavé de l'Eglise. Enfin, en 1829, on s'occupa d'exhumer ces précieux débris de l'art chrétien ; je n'oublierai jamais cette scène. Les travaux se prolongèrent assez avant dans la soirée, à cause des précautions qu'il fallait prendre pour ne pas endommager en un instant des débris qui avaient échappé aux outrages du temps et au vandalisme de la Terreur.

Quelques torches jetaient leur douteuse clarté sur les travailleurs, dont les pioches reflétaient par moment les rayons lumineux, rompant à demi l'obscurité de cette Eglise abandonnée, jadis si merveilleusement décorée, si riche en statues du moyen-âge, si coquette d'ornements, aujourd'hui transformée en magasin à fourrage.

On parvint ainsi à retirer de l'excavation le bloc auquel se trouve attaché le *Transi*, qui a été déposé au Musée. Cette statue, que l'on peut appeler un squelette, est représentée couchée sur le côté droit. Les pieds manquent ainsi que l'avant-bras gauche ; le nez a été mutilé ; mais la pose, les détails anatomiques, le torse, tout est d'une perfection admirable.

On ignore le nom de l'artiste qui exécuta le tombeau du cardinal de la Grange ; mais il est facile de reconnaître, d'après le *Transi*, l'empreinte d'un homme supérieur. L'Eglise des Bénédictins de St-Martial méritait bien de posséder un pareil monument. Indépendamment du mérite et de la science des religieux qui la desservaient, elle faisait honneur au goût de l'architecte qui la construisit : le clocher, la terrasse, l'abside, les rosaces, sont généralement admirés comme un des plus beaux restes de l'architecture ogivale qui existe à Avignon.

On assure que cette Eglise fut sacrée en 1486, mais le style des ornements, et le dessin des ogives, indiquent le caractère du 14° siècle. Effectivement, ce monastère fut construit en 1346, par Hugues des Baux, Sénéchal de Provence, sous le règne de Jeanne de Naples. Lorsque cette reine coupable se réfugia dans notre ville avec Louis de Tarente, en 1348, elle résida pendant quelques jours, dans cet édifice, que le pape Urbain V donna, en 1363, aux religieux de Cluny.

Au-dessus du squelette du *Transi*, on lit une inscription latine en caractères gothiques, qui, sans doute, avait été rédigée d'avance par le cardinal de la Grange, pour la décoration de son tombeau. Cette inscription, éminemment chrétienne et philosophique, peut se traduire ainsi :

« Nous avons été donné en spectacle au monde, pour
» que grands et petits vissent clairement, par notre
» exemple, à quel état sont réduits tous les mortels,

» sans acception de rang, de sexe, ni d'âge. Misérable!
» pourquoi donc t'enorgueillir? car tu n'es que cendre;
» et comme nous tu deviendras un cadavre fétide, proie
» des vers, et un peu de cendre. »

Jean de la Grange, appelé le cardinal d'Amiens, du nom de son titre épiscopal, était du nombre des prélats qui tenaient le parti de Benoît XIII, dont la résidence était fixée à Avignon. On sait, qu'à cette fatale époque, la république chrétienne se trouvait divisée en deux camps ennemis, s'anathématisant réciproquement, et s'adressant les objurgations les plus véhémentes. L'un reconnaissait pour chef Benoît XIII; l'autre, Boniface IX qui siégeait à Rome. Le cardinal d'Amiens prit une part très-active aux affaires de l'Eglise. Le crédit dont il jouissait à la cour de France, fut cause que le pontife d'Avignon chercha à se l'attacher. Dans ce but, Benoît XIII appela auprès de sa personne les deux neveux du cardinal, dont l'un possédait déjà l'évêché d'Amiens, et l'autre était pourvu de l'évêché d'Apt. Ce dernier ne tarda pas à ressentir les effets de l'influence de son oncle : car il obtint de Sa Sainteté, quoique contrairement aux lois canoniques, l'investiture des évêchés d'Apt et de Carpentras, dont il cumulait les revenus.

Cependant l'état déplorable de l'Eglise ayant forcé les rois et les prélats du parti de Benoît à prendre des mesures de rigueur pour le contraindre à se démettre de la papauté, le cardinal de la Grange, adversaire prononcé du schisme, et ardent promoteur de la paix de l'Eglise, fit fléchir, dans cette circonstance, ses affections personnelles devant de plus grands intérêts. Il appuya de son suffrage l'avis de *la soustraction d'obédience*, acte préliminaire de celui de la *déchéance*, qui fut résolu au concile de Pise. Mais l'inflexible Benoît, que rien ne put ébranler, ayant écrit au roi de France qu'*il était Pape et qu'il voulait mourir Pape*, ce monarque donna l'ordre au maréchal de Boucicaut d'investir le palais apostolique, et de pousser avec vigueur les opérations du siége, pour amener le pontife aux termes où on voulait le réduire. Pendant que Benoît était ainsi resserré dans le palais, mourut le cardinal de la Grange. A son lit de mort, il protesta, dans son testament que, sur le choix d'un souverain pasteur des fidèles, il était prêt à s'en rapporter à la décision d'un concile général.

Il décéda à Avignon, le 24 avril 1402. Ayant été honoré de la confiance de Charles V, Roi de France, il en témoigna sa reconnaissance en fondant des services religieux pour l'âme de ce grand monarque. Les autres fondations, énoncées dans le testament du cardinal, dénotent ses immenses richesses, et le soin qu'il prit de les faire refluer dans l'Eglise, source féconde où il les avait puisées.

Outre son testament, il dicta un codicile également daté du 12 avril 1402, dans lequel il nomme pour ses exécuteurs testamentaires plusieurs cardinaux et évêques auxquels il adjoignit ses deux neveux, Jean de Boissy, évêque d'Amiens, et Jean Fillety, évêque d'Apt et de Carpentras. Il fit élection de sépulture dans la cathédrale d'Amiens, au tombeau élevé par ses ordres pendant sa vie. Par une disposition, il était dit que s'il mourait à Avignon ou à la distance d'une journée de marche de cette ville, son corps serait porté et déposé *tout entier* à l'église de St-Martial, où l'on célébrerait ses obsèques, après lesquelles ses dépouilles seraient dépecées selon l'autorisation qu'il en avait reçue de Sa Sainteté. Ses os devaient être secrètement transportés à Amiens par les soins de ses neveux, tandis que le cœur, les entrailles et les chairs seraient inhumés à St-Martial, à Avignon, dans le mausolée qu'il s'était fait construire. Ces dispositions furent ponctuellement exécutées. Enfin il voulut que ses neveux, après avoir soldé le passif de sa succession, et acquitté ses legs, employassent le reste de ses biens à l'établissement d'un Collége dans son hôtel d'Avignon, en faveur d'un tel nombre d'écoliers qu'ils jugeraient convenable; création éminemment digne d'éloges, et qui atteste son amour pour les lettres, ainsi que son zèle à les populariser.

Telle a été la fin du cardinal d'Amiens, l'une des illustrations de la cour de Benoît XIII, et l'un des plus grands talents de cette époque.

LA PESTE A AVIGNON.

1348.

Jamais le monde n'avait été plus cruellement dévasté. Le fléau prit naissance, à ce qu'il paraît, dans la Chine et la Tartarie, d'où il passa en Asie. De là il vint en Afrique, et des marchands Génois, qui exploitaient le commerce des Indes, ayant relâché sur les côtes de la Syrie, l'apportèrent en Europe. Toutes les villes d'Italie se virent en proie à la contagion, excepté Milan et les Alpes-Noriques où elle ne pénétra que faiblement. D'énormes bubons sous les aisselles étaient suivis de taches noires et livides; et le troisième jour succombaient la plupart de ceux qui en étaient atteints.

La peste ne tarda pas à éclater en France et en Allemagne; elle y souleva les passions contre les malheureux Juifs que l'on accusa d'avoir empoisonné les fontaines et les puits. Sans que rien justifiât cette accusation, douze mille Juifs furent impitoyablement massacrés à Mayence.

Le fléau destructeur envahit Avignon, où l'on se mit également à persécuter une race proscrite ; mais le Pape Clément VI, qui résidait alors dans notre ville, prit ces infortunés sous sa protection. Deux bulles du souverain pontife, tendant à justifier les Juifs, et défendant toute poursuite contre eux, honorent à jamais la tolérance que déploya Clément VI au milieu d'un siècle superstitieux et barbare. La sollicitude du chef de l'Eglise ne se borna point à cet acte d'humanité ; il employa des sommes considérables à faire venir des médecins, à payer les hommes chargés d'ensevelir les morts ; il acheta un champ spacieux hors de la ville pour que l'on y déposât les victimes de la peste, prit de sévères mesures de police, et autorisa tous les curés à donner l'absolution générale à leurs paroissiens atteints de la contagion.

Malgré ces précautions, le fléau exerça dans notre ville d'affreux ravages. Quatorze cents personnes y moururent dans l'espace de trois jours ; et quelques historiens ont porté à plus de cent mille individus le nombre des victimes. Ce calcul est sans doute exagéré ; mais on peut croire que la présence de la cour de Rome, à une époque où elle exerçait tant d'influence, avait considérablement augmenté la population d'Avignon. Les habitants étaient resserrés dans une étroite enceinte, circonstance qui dut ajouter à l'énergie de la contagion.

La peste reparut en 1360 ; la population d'Avignon, qui commençait à se refaire de ses pertes, fut encore frappée d'une manière bien cruelle ; on évalue le nombre des victimes à dix-sept mille. La première fois, le fléau avait exercé ses ravages dans les quartiers habités par les familles de cultivateurs et d'ouvriers, ce que l'on appelle les *bas-quartiers*, à cause de leur position topographique. La peste de 1360 s'abattit sur les maisons des riches, aux environs du Palais apostolique ; elle semblait se plaire à choisir ses victimes dans les rangs élevés du clergé, de la noblesse et de la bourgeoisie. Il n'y eut qu'interruption du fléau : car il reparut en 1374, 1390 et 1397 : dans un demi-siècle, cinq invasions.

Un cimetière avait été disposé pour les pestiférés dans l'enclos de Champ-Fleuri, où se trouvait également l'infirmerie de Saint-Roch, affectée à cette terrible maladie ; enfin une porte, la porte de Champ-Fleuri, aujourd'hui murée, s'ouvrait seulement pour les pestiférés.

Avec les ravages du fléau concourut le départ du

Saint-Siége, pour porter un coup mortel à la population de notre cité qui, plus tard, fut encore visitée par la peste, en 1580, 1629 et 1721. Les documents précis manquent sur l'invasion de 1580, ce qui autorise à penser qu'elle ne fut pas très meurtrière. En 1629, succombèrent près de cinq mille personnes sur dix mille qui furent atteintes. Enfin, la peste de 1721, venue de Marseille, dura presque une année entière, du 16 de septembre au 31 d'août; six mille soixante-quatre personnes périrent.

JEANNE DE NAPLES.

Cette reine est en quelque sorte la Marie Stuart du Midi; seulement, Jeanne fut coupable, tandis que la victime d'Elisabeth n'a été qu'imprudente. Dans tout le reste, naissance, grâces, beauté, talents, on peut établir un parallèle : presque semblables sont les destinées respectives ; et, après de longues infortunes, une fin également tragique.

Les Ecossais, peuple fidèle à la religion des souvenirs, ont éternisé les traces du passage de Marie. Son empreinte est gravée dans toute l'Ecosse, à Hamilton, à Dunbar, sur les bords du lac Leven, dans les murs de Glascow, aux champs de Langside, à Edimbourg, au milieu des grandeurs éclipsées du palais d'Holyrood. Là surtout, Marie semble vivre encore : on y montre au voyageur son lit, ses meubles, son image vingt fois répétée ; et, dans un cabinet voisin, sur le parquet, on distingue encore des traces de sang ; c'est le sang de David Rizzio.

Les Avignonnais n'ont pas été aussi fidèles au souvenir de leur reine, de Jeanne de Naples. A peine la tradition indique-t-elle parmi nous le palais qu'elle habita. Jamais vous n'entendez, dans les longues veillées d'hiver, raconter cette tragique histoire ; aucune romance provençale ne vous entretient de ses amours, de ses crimes, de ses malheurs.

Pourtant, quoi de plus dramatique, quoi de plus fécond en émotions que l'histoire de cette reine ! Mariée à huit ans (en 1333) au prince André, fils du roi de Hongrie, à peu près du même âge, les jours de son enfance sont troublés par le caractère impétueux de son jeune époux. Avant d'entrer, pour ainsi dire, dans la vie, ils se détestent mutuellement, et leur aversion grandit avec les années. Le 19 janvier 1343, meurt Robert, roi de Naples, comte de Provence, seigneur d'Avignon, le meilleur des souverains de cette époque ; Jeanne, sa petite-fille, lui succède. Elle règne ; André cherche à lui disputer le pouvoir, elle résiste ; en même temps elle s'engage dans une liaison criminelle avec son cousin, le prince Louis de Tarente.

Bientôt l'amant de la reine veut se débarrasser d'un monarque qui nuit à l'essor de son ambition. L'épouse adultère a tout approuvé. La cour se trouvait alors au couvent d'Averse : le 18 septembre 1345, les assassins ont réveillé André, qui dormait dans une chambre voisine de celle de Jeanne. On le saisit, on l'étrangle à une fenêtre ; puis on précipite du haut du balcon ce cadavre mutilé que la piété de sa nourrice découvrit après trois jours de recherches, et qu'elle porta furtivement dans l'église de Saint-Janvier.

André n'était aimé ni du peuple, ni des grands ; cependant le peuple et les grands se soulevèrent dans une sainte indignation. Alors la coupable épouse fut encore plus coupable comme reine. Elle trahit, elle livra à la justice des Napolitains les auteurs de ce crime qu'elle avait approuvé. Je me trompe : un d'eux échappa, ce fut Louis de Tarente, elle le conserva pour lui donner sa main. Louis de Tarente épousa solennellement Jeanne de Naples, le 20 août 1347, alors que les ressentiments publics étaient apaisés.

Mais Louis II, roi de Hongrie, vint troubler cet hymen impie. A la tête d'une puissante armée que guidait à la vengeance un drapeau noir où était représenté le meurtre d'André, Louis quitta la ville de Bude (3 novembre 1347), se dirigeant vers les états de cette nouvelle Clytemnestre et d'un autre Egiste ; il accourait pour leur demander compte du sang de son malheureux frère.

Un légat du Saint-Siége voulut en vain arrêter, à Foligni, les escadrons hongrois ; Louis poursuivit sa marche triomphale ; et les Napolitains, frappés d'épouvante, n'attendirent pas sa présence pour se soumettre. Des ambassadeurs vinrent lui apporter, à Aquilée, cette couronne qui n'avait pu préserver son frère contre les coups des meurtriers.

Cependant Jeanne avait fui sa capitale ; elle se dirigeait par mer vers son comté de Provence ; Louis de Tarente la suivit, après quelques stériles tentatives de résistance ; mais plus heureux, il parvint à Avignon, tandis que les Barons provençaux s'étaient emparés de la personne de leur reine, et la retenaient prisonnière dans la citadelle d'Aix. L'intervention du pape Clément VI et la concession de divers priviléges mirent fin à sa captivité.

Elle vint rejoindre à Avignon Louis de Tarente : le souverain Pontife leur accorda des dispenses pour régulariser un mariage entre cousins ; et dans une des salles du palais, en présence du pape, des cardinaux, des prélats, Jeanne prononça un discours latin pour se justifier du meurtre que l'opinion publique lui imputait.

Elle était jeune, belle, éloquente, son front brillait de l'éclat du diadème, tous les auditeurs furent émus. L'émotion fit taire la justice; mais la postérité, juge inflexible, demande compte à cette reine des motifs qui la portèrent à vendre au Saint-Siége la ville et l'état d'Avignon.

L'acte de vente fut consenti le 9 de juin 1348, par Jeanne, d'après l'avis de son conseil, et par Louis de Tarente, au prix de quatre-vingt mille florins d'or. Plusieurs historiens ont exprimé leurs doutes à l'égard de la réalité du paiement; toutefois la position de Jeanne nécessitait absolument l'emploi de sommes considérables. Les Napolitains s'étaient lassés du joug des Hongrois, la peste ravageait l'Italie; devant le mécontentement du peuple et la crainte du fléau, Louis abandonnant une conquête incertaine, regagna la Hongrie.

Pour rentrer dans son royaume, Jeanne avait besoin d'argent, de vaisseaux, de soldats; or, Clément VI comprenait trop bien l'importance de la possession de la ville et de l'état d'Avignon pour ne point l'assurer à tout prix au Saint-Siége. A l'appui de cette opinion, j'invoquerai l'empressement et le soin avec lesquels il fit ratifier cet acte d'aliénation par l'empereur Charles IV.

Notre ville se trouvait sous la suzeraineté du Saint empire; un chapelain de Clément VI fut chargé d'obtenir et obtint à Gorlitz, le 1ᵉʳ novembre 1348, la renonciation formelle de Charles IV, à tous droits de fief, hommage, souveraineté, domaine direct, propriété, sur la ville et l'état d'Avignon.

Dès lors, le pape, sorti de la situation précaire où il était en qualité d'hôte, put ordonner des constructions et des embellissements, sans craindre de travailler pour des princes étrangers.

Cet événement entrait, depuis long-temps, dans les prévisions du Saint-Siége; la possession du Comtat-Venaissin entraînait forcément celle d'Avignon; et sans doute cette pensée avait dirigé les travaux de construction ordonnés par Jean XXII, Benoît XII et Clément VI, dans la ville où les troubles de l'Italie et les intérêts de la France avaient réduit la cour de Rome à accepter l'hospitalité.

BUREAU DE BIENFAISANCE.

C'est à la sollicitude toute paternelle de M. Puy qu'est dû l'établissement du Bureau-général de Bienfaisance. C'est aux vues généreuses de cet homme de bien, de ce magistrat qui s'obstinait si ardemment à embrasser toutes les entreprises utiles à son pays, que les pauvres doivent aujourd'hui les ressources qu'il prépara pour les jours de calamité. Ses efforts ne se bornèrent pas à une stérile protection ; sa main s'ouvrit plusieurs fois pour doter la maison de bienfaisance. Il provoqua les souscriptions par l'autorité de sa parole et de son exemple, enfin il fut le fondateur de cet établissement où l'on aime aujourd'hui à contempler son image. Le peintre a parfaitement rendu cette belle physionomie, miroir où se reflétent toutes les pensées d'une âme d'élite, d'une âme organisée pour faire le bien, et pour le produire chez les autres. Au-dessous de ce portrait, on lit cette inscription : *Bureau de Bienfaisance, fondé à Avignon, en* 1800, *PUY.*

Divers modes de régir cette œuvre de charité ont été pratiqués tour-à-tour. Ils ne furent pas tous sans inconvénient ; et la division des secours, répartie entre quinze administrateurs, offrit souvent de graves inconvénients, de nombreux abus. La fabrication de toiles d'emballage, entreprise dans des motifs louables, ne remplit pas non plus le but que l'on s'était proposé. Heureusement que le temps et l'expérience, qui donnent la sanction aux bonnes choses, ont opéré des modifications dans les divers systèmes adoptés, des réformes nécessaires, et ramené, à des erremens plus simples, plus exacts, l'administration dont les rouages avaient été beaucoup trop compliqués.

Cinq administrateurs, nommés par M. le Préfet de Vaucluse, sont chargés de tout ce qui est relatif au service de l'établissement. Quatre respectables sœurs de St-Charles sont associées à ces travaux : et il faut l'avouer à leur gloire, elles remplissent dignement des fonctions toujours pénibles, souvent désagréables. Elles préparent les soupes de distribution, elles coupent et confectionnent les chemises, vestes, pantalons, que l'on donne aux pauvres, elles vont visiter l'asile du malheureux, explorer ses besoins. Ce sont elles qui signalent à l'administration les familles dignes d'être secourues, ainsi que celles dont les ressources peuvent faire ajourner ou rejeter d'indiscrètes sollicitations.

Voilà par quel concours de zèle, de soins et d'efforts, par quelle unité d'action tendant au même centre, animée du même esprit, les dons arrivent avec discernement dans le sein des familles réellement malheureuses. Ainsi a disparu l'abus des doubles emplois, et des charités de complaisance.

Les revenus de l'œuvre se composent d'environ deux mille francs de rentes sur l'état, résultat de divers legs laissés par des personnes charitables : c'est la seule recette fixe. Le conseil municipal, dans sa sollicitude, a voté une somme de dix mille francs sur son budget annuel en faveur du Bureau-général de Bienfaisance. Cette allocation, qui ne s'élevait qu'à six mille francs jusques en 1828, a donné les moyens de sortir de l'état précaire où l'on se trouvait. Mais le revenu fixe de l'établissement ne peut être compté que sur le pied de vingt mille francs. En comparant cette somme à l'immensité des secours accordés, on est forcé de s'incliner devant cette providence qui veille aux besoins des malheureux. Cette céleste providence remplit le cœur de tous les gens de bien, de cette piété active, inépuisable, qui vient au secours du pauvre en souffrance, et qui contribue si puissamment à soulager la misère publique dans ces jours de deuil où la rigueur des frimats n'est pas l'unique fléau qui pèse sur l'humanité.

Depuis le commencement du mois de janvier, les distributions de soupes s'élèvent à environ douze cents rations; il faut ajouter à cette dépense quotidienne les distributions de pain, faites à un grand nombre de familles le premier et le quinze de chaque mois.

Dans les dépenses ordinaires figurent aussi les couvertures de laine, les pantalons, vestes, jupes, souliers, alloués à une foule d'individus. Cet article coûte une somme annuelle de six à sept mille francs.

A l'égard des dépenses extraordinaires, il faut mettre en première ligne les dons et aumônes faits à domicile aux pauvres honteux, et qui varient, suivant la rigueur du temps, depuis mille jusqu'à deux mille cinq cents francs par an, les bandages délivrés aux personnes atteintes de hernies, les mois de nourrices accordés à de pauvres mères, et quelques secours aux malades, en viandes, lait d'ânesse, lait de chèvre, etc.

L'administration n'a étendu que depuis peu ses dépenses à ce dernier genre de secours, elle n'en avait aucun exemple dans ses antécédents; mais la charité ne connaît

18

point d'entraves; elle embrasse toutes les infortunes qui appellent ses soins. Une mère épuisée par le travail, un enfant dont la santé est délabrée, peuvent être rendus à la vie par le lait d'ânesse ou le lait de chèvre : c'est un des bienfaits les plus signalés qui émanent de l'institution, et il est à désirer que ses ressources pécuniaires lui donnent les moyens de le multiplier.

Recevoir, coucher et nourrir les pauvres de passage dans notre ville, donner un asile aux domestiques sans place, enfin, veiller à tous les genres de besoins, telle est la tâche imposée à l'administration. Historien fidèle, je dois dire en présence des faits que cette tâche est noblement remplie, et que les administrateurs sont secondés d'une manière admirable par le dévouement des Sœurs de St-Charles.

Pendant long-temps, le directeur du théâtre a été tenu de payer une somme annuelle au Bureau de Bienfaisance, sous le titre de *Droit des Pauvres :* ce droit frappe également les divers spectacles, concerts payants, représentations, qui ont lieu dans notre ville.

Afin de soulager la direction dramatique d'un fardeau trop lourd, au milieu de l'espèce d'indifférence qui entrave aujourd'hui la fortune des théâtres, le conseil municipal a ajouté d'abord deux mille francs à la subvention ordinaire que reçoit le Bureau de Bienfaisance, ce qui la porte à douze mille francs; puis, comme secours extraordinaire, une somme de cinq mille cinq cents francs.

En voilà assez pour apprécier l'importance de cet établissement qui, né avec le siècle, a suivi le développement progressif de notre cité, et dont chaque année d'existence se distingue par une innovation utile, par une nouvelle conquête au profit de l'humanité souffrante.

LE ROULIER.

ESQUISSES AVIGNONNAISES.

Il est une philosophie populaire qui n'a de commun que le nom avec la philosophie des Socrate et des Epictète; mais dont les résultats méritent pourtant d'occuper l'observateur. Cette philosophie toute pratique consiste à savoir jouir du présent, à vivre heureux dans le plus humble état, et à ne point connaître ces *longues espé-*

rances dont parle Horace. C'est à peu près sous ces couleurs que l'on nous représente les Lazzaroni napolitains. Ils vivent du jour au jour; véritables Diogènes sans lanterne et sans tonneau, ils travaillent jusqu'à concurrence de leurs besoins; et Dieu sait combien leurs besoins sont bornés! Aussitôt qu'ils ont gagné l'argent nécessaire à la dépense du jour, ils se reposent, et n'espérez pas que l'or ou l'ambition les arrache à ce bienheureux repos. Dans leur insouciance philosophique, ils ne s'occupent que de l'heure, que du moment présent; ainsi s'écoule leur existence, cette existence du jour au jour, dégagée du souvenir de la veille et du souci du lendemain. C'est aussi bien infructueusement que l'on a voulu intéresser à une révolution politique, ces hommes qui n'ont ni famille, ni maison, qui ne possèdent pas même un nom. Ils peuvent se passionner pour la liquéfaction du sang de Saint Janvier; ils peuvent passer des journées entières à écouter les sons de la mandoline ou les *lazzi* de leur compatriote *Polichinelle;* mais ne leur parlez ni de patrie, ni de liberté, ni de gloire. Ces mots magiques ne trouveraient point d'écho dans leurs cœurs.

La France également a ses philosophes populaires; mais l'analogie qui existe entr'eux et les lazzaroni napolitains, se borne à l'insouciance du lendemain et à l'art de jouir de l'heure qui s'envole. Tels sont les Rouliers provençaux, dont l'existence errante, l'heureuse indépendance, la franche gaieté, constituent tous les éléments de cette philosophie pratique que je cherchais à définir plus haut. Seulement, un cœur patriotique bat sous leur sarrau de toile bleue; et les malheurs ou les succès de la France influent sur leur humeur : ils sont toujours citoyens.

Du reste, vous ne verrez jamais se démentir la philosophie de ces Socrates de grands chemins : armés d'un fouet retentissant, couverts d'un sarrau bleu que serre autour de leur taille une ceinture rouge en filet, la pipe à la bouche, la tête défendue par un bonnet de laine barriolée dont la pointe retombe sur l'oreille, ils marchent gaiement à côté de leurs chevaux. Quand la nuit arrive, ils s'arrêtent à la première auberge. Voyageurs du bon ton, ne comptez plus sur les prévenances de l'hôte, sur les petits soins de la servante; tous les égards sont pour le Roulier; c'est l'enfant gâté de la maison.

Après avoir veillé sur ses chevaux qu'il désigne chacun par un nom d'amitié, pour lesquels il s'oublie souvent, car ils composent toute sa fortune, le Roulier se met à table où des mets substantiels et recherchés forment le menu de son souper. Le lendemain, il part, emportant les débris du repas de la veille qui le soutiendront pendant la journée. Le même accueil l'attend sur toute la route, soit qu'il se rende d'Avignon à Rouen, ou de Marseille à Lille. Parfois encore l'amour charme ses stations. Souvent aussi l'on a vu des Rouliers changer de route, lorsqu'ils se marient, et cela pour se soustraire aux reproches et au désespoir de quelque Ariadne d'hôtellerie.

Rien de curieux, rien d'intéressant comme l'intérieur du Roulier émérite, qui a déposé le fouet et le sarrau, pour les transmettre à son fils aîné. Il faut l'entendre raconter ses voyages et ses aventures; malgré son enveloppe simple et grossière, il s'est poli au contact de la civilisation des grandes cités; il a vu les musées, suivi les théâtres; il vous parle avec connaissance de cause de la Duménil et de Lekain. Il vous retrace les épisodes de l'histoire de la Révolution. Au temps du discrédit des assignats, un sac de petits écus l'a fait accueillir comme un prince déguisé, dans plusieurs auberges de l'Alsace.

Les petits-enfants se pressent autour de l'aïeul; ils le contemplent avec admiration, et au fond de leur cœur, ils profèrent le serment de suivre la même carrière pour courir les mêmes aventures.

LE FAR-NIENTE.

Ne rien faire : doux mal, commun à presque toutes les populations méridionales, et qui découle de l'influence du climat, de la fertilité du sol, de la tiédeur de l'atmosphère qui relâche la fibre, en disposant à la paresse. Sous ce rapport, les Avignonnais ressemblent beaucoup aux Italiens de Rome moderne; et c'est là une des traces les plus profondes du passage du gouvernement pontifical.

Au fait, sous ce gouvernement si bienveillant, si paternel, Avignon pouvait passer pour vrai pays de *Cocagne*. On trouvait une bonne pension bourgeoise à raison de trois cents livres par an, et l'on faisait trois repas par jour; le matin du café, à midi le dîné, à huit heures du soir le soupé, souvent le logement était compris dans les trois cents livres. Le moyen de travailler, de se brûler le sang, de sacrifier les plaisirs de ses journées, le sommeil de ses nuits, à des projets de fortune et d'ambition, lorsque six cents livres de rente suffisaient pour faire vivre un homme la canne à la main, avec le jabot de dentelles, et quatre costumes complets, un pour chaque saison!

Point d'impôts: ni personnelle, ni mobilière, ni patente, ni portes et fenêtres. La dîme au soixante, et quatre sous de droit d'entrée dans la ville sur cinquante-six pots de vin, voilà toutes les charges qui pesaient sur nos pères. La cour de Rome suppléait aux besoins du pays; en même temps, d'après le concordat passé, en 1734, entre Sa Sainteté et sa Majesté Très-chrétienne, le Comtat-Venaissin recevait chaque année 230,000 livres d'indemnité.

Ce concordat, passé au profit des Fermes générales du royaume de France, interdit, avec la fabrication des toiles peintes, la plantation du tabac dans l'état d'Avignon et le Comtat-Venaissin. Nos contrées produisaient annuellement huit mille quintaux de tabacs, bien supérieurs à ceux de France, et qui pouvaient soutenir la comparaison avec les produits les plus estimés de la Virginie. Le plus fort fit la loi : car l'indemnité de 230,000 livres n'était pas en harmonie avec la perte imposée à notre agriculture. Sur cette somme, payée par la Ferme générale, Avignon recevait un contingent de 94,750 livres.

Avec tout cela, on conçoit que dans les murs d'Avignon, chacun portait légèrement et gaiement l'existence : aussi la paresse inhérente au climat, favorisée par les institutions et les mœurs, faisait regarder tout travail et tout effort comme une espèce de supplice.

Nombreux étaient les moyens de distraction : car sans cette variété de ressources, l'ennui, ce terrible fléau de l'homme civilisé, serait venu saisir des gens inoccupés. D'abord, les cérémonies de la religion absorbaient une bonne partie de l'année ; ensuite chaque quartier avait ses fêtes et ses bals ; chaque corps de métier ses processions, chaque confrérie ses solennités, chaque congrégation son centre de réunion, où l'on jouait aux boules et aux cartes. Dans ces congrégations, sortes de cercles placés sous l'invocation d'un Saint, il n'était pas rare de voir mettre pour enjeu un certain nombre de prières que le perdant était tenu de réciter. Mais dans cet usage, il n'y avait nulle idée de ridicule ou de dérision; on agissait de part et d'autre avec la plus édifiante bonhomie.

Le vaincu s'exécutait de même; on le voyait se mettre à genoux dans un coin de la cour, et là il accomplissait la pénitence imposée. A ces réunions présidait la plus scrupuleuse décence; et la gaieté ne perdait rien à marcher de front avec le sentiment religieux.

Il n'existait en revanche que deux ou trois cafés, vers la fin du dix-huitième siècle. Si nos aïeux revoyaient aujourd'hui leur Avignon, quel serait leur étonnement en comptant les cafés par centaines! Ils pourraient à peine en croire leurs yeux.

Mais, quoique l'amour du travail soit beaucoup plus répandu en raison des exigences progressives de la civilisation, le *far-niente* n'est pas encore effacé de nos mœurs contemporaines. L'empreinte du passé subsiste encore. Il n'est pas de jour où l'on ne vous dise que l'ambition est un vice, presque un crime.

Paresseux avec délices, disait Figaro: les Avignonnais ont adopté la devise du spirituel Barbier de Beaumarchais. Aussi, avec quelle religieuse observation, on célèbre dans notre bon pays tous les jours de fête, et même tous les Saints un peu influents du Martyrologe!

Voyez au point du jour, je me trompe, c'est entre sept et huit heures du matin que je voulais dire, voyez cette nuée d'individus qui ont, selon l'expression populaire, *vingt-quatre heures à dépenser par jour*. Chacun se rend à son café de prédilection. Là, on se range, en hiver, autour du poêle; en été, on s'assied sur le banc placé devant la porte. Et les jambes croisées, le cigare à la bouche, on laisse couler les heures.

Un regard d'intelligence, un sourire, voilà d'abord les seules paroles qu'échangent entr'eux nos habitués. Une longue intimité leur a rendu familier le langage des signes. Quelquefois le silence est interrompu par un de ces orateurs à vigoureux poumons, qui traitent sans balancer tous les sujets.

Si, par hasard, une jeune fille, une jeune femme, viennent à passer, alors la conversation est générale. C'est un feu-roulant de bons mots. Cependant la nuit arrive : qu'a-t-on fait? On serait fort embarrassé de le dire; avec de la franchise on conviendrait que l'on s'est ennuyé. N'importe : on recommencera demain, tant est puissante l'influence du *dolce far-niente*.

MAHON

ET LE DUC

DE CRILLON.

—•—

Au mois de juillet 1781, l'Espagne ignorait encore la destination de l'armée réunie à Cadix, sous les ordres du lieutenant-général duc de Crillon, ainsi que de l'escadre qui mouillait dans le port de cette ville. Des bruits vagues circulaient ; on prononçait tout bas les noms de Gibraltar, de Mahon, mais sans aucune donnée positive. Enfin le but fut connu : cette nouvelle réjouit et la France et l'Espagne, dont le commerce souffrait beaucoup des entreprises des corsaires anglais sortis des ports de Minorque.

Après une traversée pénible à cause de l'état de la mer, l'escadre espagnole arriva devant l'Ile le 19 août 1781, et le débarquement s'effectua à la baie de Mosquita. L'armée se porta aussitôt sur Mahon, que les Anglais évacuèrent. De six heures du soir à trois heures du matin, dans la durée d'une nuit, l'Ile entière fut soumise, excepté le fort Saint-Philippe où se renferma le général Murray avec sa garnison. Il fit sortir de la place les femmes, les enfants, toutes les bouches inutiles, et se disposa à opposer une vigoureuse résistance ; mais le duc de Crillon avait pris des mesures pour enlever aux assiégés tout espoir de secours extérieur.

En attendant des renforts de France, et le matériel de siége, le général bloqua étroitement la place, resserrant les Anglais par une chaîne de postes établis depuis la Nueva-Arabal jusqu'à la tour de Benisaïde. Pendant qu'il était occupé à reconnaître l'emplacement d'une batterie, le duc de Crillon fut blessé à la tête par un éclat de pierre qu'avait fait sauter un boulet anglais. Instruit de cet événement, le général Murray écrivit au duc de Crillon pour lui témoigner des regrets pleins de courtoisie. Le duc répondit : — « Je serai fort aise,

» Monsieur, que nous nous traitions en amis lorsque
» la paix nous le permettra ; mais, tant que durera la
« guerre, je vous estime trop pour ne pas vous traiter
» en ennemi. J'espère que vous me ferez le même hon-
» neur, je vous en prie avec instance. »

Quatre régiments français, *Lyonnais*, *Bretagne*, *Bouillon*, *Royal-Suédois*, vinrent partager les dangers et les succès de l'armée espagnole. Le colonel du régiment de Bretagne était fils du duc de Crillon ; son autre fils, colonel d'Aquitaine, était également accouru comme volontaire.

Le 6 janvier 1782, le blocus fut converti en siége. Cent vingt pièces de canon et trente-trois mortiers commencèrent à jouer sans relâche. Le fort avait pour y répondre trois cents pièces de canon, montées en batterie.

Le siége dura vingt-huit jours, pendant lesquels le duc de Crillon signala son génie, sa valeur et son humanité. Chaque brigade donna son nom à une batterie, circonstance qui entretint une constante émulation, une rivalité d'efforts ; à tous les postes périlleux le général en chef paya de sa personne ; Espagnols et Français imitèrent à l'envi son exemple. Quelques volontaires de notre nation, qui avaient voulu faire cette campagne, quoique leurs corps ne fussent pas désignés, prirent, l'épée à la main, six vaisseaux réfugiés sous les glacis de S.-Philippe.

Enfin, après avoir vu sauter trois magasins et avoir perdu le fort Malborough, enlevé d'assaut ; un colonel anglais se présenta au camp, le 4 février 1782, pour capituler. Le duc de Crillon exigea que la garnison se rendît prisonnière de guerre ; tels étaient ses ordres ; mais en considération du courage qu'elle avait déployé, il lui fut permis de sortir avec ses armes, tambour battant, mèche allumée, drapeaux déployés. Ayant ainsi défilé au milieu de l'armée, elle déposa ses armes et ses drapeaux.

Le titre de Grand d'Espagne, de duc de Mahon, de riches commanderies, et d'autres faveurs furent la récompense du vainqueur. Pendant que l'Espagne cherchait à s'acquitter envers lui, l'empereur Joseph II lui adressait une lettre aussi honorable pour le souverain qui l'écrivait, que pour le général qui en était l'objet ; et la reine Marie-Antoinette, en présence de sa cour, embrassait Madame la Duchesse de Crillon au nom de la France.

Mais nulle part on ne s'intéressa plus vivement que dans nos murs à la gloire du conquérant de Mahon, à ce triomphe qui faisait reverdir les lauriers de la race des Crillon, de cette illustre famille, si éminemment avignonnaise. Et ce n'était pas seulement à cause du chef de l'expédition que nos pères manifestaient leur enthousiasme et leur sympathie pour cette brillante conquête ; plusieurs Avignonnais y avaient participé ; heureux de combattre sous les yeux d'un Crillon, d'un si bon juge en fait d'héroïsme. Tous les détails de l'expédition avaient été suivis par les Avignonnais avec cette curiosité inquiète, ce touchant intérêt que pouvait éprouver la famille du général. On eût dit qu'il s'agissait pour chaque habitant des succès d'un père. Et une fois, la victoire connue, comme la sympathie publique accueillait la nouvelle des récompenses par lesquelles le roi d'Espagne cherchait à s'acquitter envers le duc de Crillon! Quel retentissement eurent dans notre cité et le baiser donné par la reine Marie-Antoinette à Madame de Crillon, et le suffrage flatteur du maréchal de Richelieu, et les lettres de félicitation de l'empereur d'Allemagne!

Enfin, au mois de juin 1783, les sentiments de la population avignonnaise se manifestèrent d'une manière encore plus éclatante, au retour du duc de Crillon. Dès la première nouvelle de son arrivée, tous les travaux furent suspendus; par un mouvement spontané, Avignon prit ses habits de fête.

Le vice-légat, Filomarino, invita les viguier, consuls et assesseur à l'accompagner en chaperon jusqu'à la Durance, afin de recevoir le duc de Crillon sur les frontières du territoire de son gouvernement; tous les équipages, tous les carrosses de la ville se réunirent au cortége officiel; puis venait la population en masse. C'étaient des chants, des couplets, des saillies étincelantes ; pas un poète en français et en patois n'avait manqué à l'appel ; l'occasion était trop belle pour ne pas exercer leur verve.

Le cortége partit du Palais apostolique à cinq heures du soir ; un détachement de la Maréchaussée à cheval ouvrait la marche ; il était suivi des Gardes-Suisses et des Chevau-légers ; le vice-légat était assis dans son carrosse de gala avec le viguier, les consuls et l'assesseur ; six chevaux magnifiquement harnachés les traînaient. Aux bords de la Durance se trouvait la foule ; les autorités et Madame la comtesse de Brancas, sœur du duc de Crillon, s'avancèrent sur le petit pont auquel on amarrait la barque. Bientôt parurent les voitures du duc ; de longs applaudissements, des vivats éclatèrent de toutes parts ; le duc s'élança dans la barque, impatient d'atteindre la rive avignonnaise. Il aborda enfin ; les autorités l'embrassèrent, et presque tous les citoyens suivirent cet exemple ; il y eut un pêle-mêle délicieux.

Les canons grondèrent pour annoncer l'entrée du cortége par la porte Saint-Michel ; toutes les rues étaient tendues de draperies, le pavé jonché de fleurs et de rameaux de verdure ; à chaque carrefour se formaient de joyeuses farandoles, chaînes vivantes où le cœur était d'accord avec les mains.

Les trompettes sonnaient des fanfares, la musique de la ville et celle des Chevau-légers exécutaient de brillantes symphonies ; les cloches jetaient des volées, et une illumination improvisée prolongea la fête, en donnant à la nuit l'éclat du jour ; puis, par moment, des gerbes de fusée croisaient leurs feux éblouissants dans les airs.

Le lendemain, le corps municipal fit visite au duc de Crillon ; l'assesseur, M. d'Astier, porta la parole, et son discours, empreint de l'éloquence du cœur, trouva du retentissement dans tous les cœurs avignonnais.

Le duc rendit ensuite les visites qu'il avait reçues ; à l'Hôtel de ville, on le fit asseoir sous un dais qui portait cette inscription : (*Eo cive lœta superbit.*) C'est avec des larmes dans les yeux et dans la voix que le duc prononça un discours de remercîment auquel répondit M. de Tulle, premier consul.

Tant de dévouement et d'affection avait pénétré le duc de Crillon d'une vive et profonde reconnaissance. Il voulut témoigner ce qu'il éprouvait, et avant de quitter Avignon, il donna un grand dîné auquel furent invités les magistrats municipaux et la noblesse ; ce dîné fut suivi d'un bal qui réunit toute la société avignonnaise.

C'est là une époque brillante et glorieuse dans l'histoire d'un homme. Eh bien ! il est une page plus belle de cette existence, une page presque sans exemple dans les fastes du passé, et qui couronne dignement la destinée d'un Crillon.

Transportons-nous au mois de mars de l'année 1789, à la suite de cet hiver désastreux qui avait si cruellement pesé sur nos contrées ; voyons à la surface de la société cette agitation sourde qui annonçait la prochaine éruption du volcan révolutionnaire. Des symptômes funestes, des germes de malaise travaillaient les habitants d'Avignon. On redoutait une disette, et ces craintes, habilement exploitées par la malveillance, amenèrent une émeute.

Un de nos plus respectables citoyens, M. Commin, second consul, vit abattre par la foule révoltée, les armoiries placées sur sa porte ; et pourtant il s'était dévoué avec un zèle infatigable au soulagement des maux populaires. Excitée par ce premier acte de sédition, la foule s'abandonne à la violence de ses passions, elle se transporte au couvent des Jacobins dont elle pille les greniers. Les divers magasins de blé qui se trouvent dans la ville, subissent le même sort ; avec le blé sont confondues et mêlées la garousse, la luzerne, l'avoine.

Le duc de Crillon allait monter en chaise de poste pour se rendre à Madrid ; il renvoie les chevaux, il accourt à l'Hôtel de Ville, il se montre aux révoltés. L'autorité de sa parole, l'ascendant de sa présence, calment les passions ; devant l'homme de bien, devant le guerrier dont s'honore Avignon, la sédition se tait et rougit. Le duc ne se contente pas d'avoir fait renaître le calme ; il veut encore effacer jusqu'aux traces du désordre. Il presse les plus mutins de réparer leur faute, de restituer les grains qu'ils ont pris.

La restitution eut lieu, elle continua pendant plusieurs jours avec un zèle, un empressement difficiles à décrire. Tant que durèrent quelques germes de troubles, le duc resta à Avignon, et aux glorieux suffrages décernés par des Souverains, il put joindre le don de la reconnaissance d'Avignon, une couronne de laurier et d'olivier avec cette inscription en latin : *Au Vainqueur de la révolte; au Pacificateur de la Patrie.*

JEAN ALTHEN

ET

LA GARANCE.

Pendant long-temps, les mûriers, les oliviers, le tabac, le vin, ont formé les principales richesses agricoles de nos contrées. Ces richesses, l'industrie s'en empara, elle leur donna une valeur beaucoup plus considérable. C'est ainsi qu'Avignon devint en Europe un des principaux centres du commerce des soies. Aux troubles et aux factions qui désolaient l'Italie, nos pères durent cet élément de prospérité. Le nom seul de *Florences*, de ce tissu éminemment avignonnais, indique de quel pays nous est venu ce genre d'étoffe, que notre ville a porté à la perfection.

On connaît les circonstances qui ravirent à nos aïeux la fabrication du velours, des toiles peintes, ainsi que la culture du tabac; tandis que la France nous imposait ces dures prohibitions, plusieurs hivers rigoureux tuaient nos oliviers; et le manque de soins et de raffinements forçait nos propriétaires de vignobles à vendre leurs produits à vil prix.

La soierie devint donc le commerce nourricier du pays. Les mûriers et les vers à soie répandaient l'aisance dans les campagnes; filateurs, mouliniers, teinturiers, fabricants, s'emparaient ensuite de cette précieuse matière qui faisait vivre un tiers de la population d'Avignon où battaient des milliers de métiers à tisser.

Telle était la situation de notre agriculture et de notre commerce, lorsqu'un étranger, un Persan, Jean Althen, traversa le Comtat, et pressentit que le sol et le climat convenaient merveilleusement à l'exploitation de la garance. L'histoire de Jean Althen tient du roman; son père avait exercé de hautes fonctions; il avait gouverné des villes, et représenté la Perse auprès de l'empereur Joseph 1er, lorsque l'usurpation de Thamas-Kouli-Kan l'entraîna dans la chute de son souverain. Il fut massacré; son second fils, Jean, échappa au glaive des meurtriers, et pris par une horde arabe, fut vendu comme esclave. Conduit dans l'Anatolie par son maître, il travailla pendant quatorze ans à l'exploitation du coton et de la garance.

Jean Althen parvint à se dérober par la fuite à ce long esclavage; il se réfugia à Smyrne où il eut de fréquentes conférences avec le consul français. Les échelles du Levant comptaient alors des agents d'un mérite supérieur, d'un courage à toute épreuve, et à ces qualités individuelles des représentants de la France tenait l'influence dont notre nation jouissait dans l'Orient.

Les projets de Jean Althen obtinrent la sanction du consul de Smyrne, qui facilita au Persan les moyens de passer en France. Althen jouait sa tête : car l'exportation de la graine de garance était défendue sous peine de mort; mais il n'entrait pas dans son caractère de tenir compte d'un danger.

Arrivé à Marseille, il y fit un riche mariage, et put se présenter à la cour de Versailles, de manière à inspirer quelque confiance. Il fut reçu par Louis XV qui lui accorda une audience, et goûta ses projets; mais des soins plus importants empêchèrent le cabinet français de donner suite aux projets du Persan. Divers essais et des voyages absorbèrent sa fortune. A cette époque, il remarqua les chances de réussite que le Comtat offrait à la culture de la garance; il vint s'y fixer.

Madame de Clausenette s'intéressa à ses projets, et lui permit de faire des essais dans une de ses terres. Peu de temps après, M. le marquis de Seytres-Caumont, gentilhomme dont la haute naissance était le moindre titre, lui donna l'hospitalité à Caumont. De 1762 à 1774, Althen vécut dans une petite maison qu'il tenait des bontés de son protecteur. La mort vint l'y frapper; il mourut dans un état voisin de l'indigence, avec la conscience du bien qu'il avait tenté, mais désespérant du succès; car le Comtat, entouré d'une ligne de douanes, ne pouvait se livrer qu'à un commerce incomplet et tronqué, pour ne point provoquer de nouvelles prohibitions de la part de la France.

Althen laissait une fille dont l'existence n'a été qu'une longue lutte contre l'indigence; cette infortunée a vu réaliser par le succès les vastes projets de son père, elle a vu la culture de la garance se répandre dans le Comtat et le département de Vaucluse, elle a fatigué nos gouvernements successifs de ses supplications, et sa voix n'a point été entendue.

Voici quelques lignes d'un Mémoire de Marguerite Althen aux habitants du Comtat :

« Une femme infortunée gémit parmi vous, dans l'ou-
» bli le plus profond et dans la misère des plus gran-
» des, et vous jouissez en paix des bienfaits que le ciel
» daigna répandre sur vous par les mains de son père !
» La fille de celui qui, par son industrie vous affranchit

» de l'empire du besoin, en vous apprenant à fertiliser
» les champs les plus stériles, sa fille, dis-je, languit
» en ce jour dans une triste servitude, et gagne à peine
» un pain qu'elle humecte de ses larmes! Cependant,
» dans sa douleur, à qui doit-elle adresser ses prières?
» Déjà vingt fois elle a fait parvenir sa voix plaintive
» jusqu'aux oreilles des grands et des princes, et tous
» l'ont oubliée. Mais il lui vient une pensée qui la sou-
» tient et la console, c'est que vous ignorez qu'elle existe;
» si elle souffre, c'est que vous ignorez ses maux. Elle
» veut vous les apprendre, certaine, dans la simplicité
» de son cœur, que vous ne pourrez les entendre sans
» vouloir y porter au moins quelques faibles remèdes. »

En échange d'un si grand bienfait, pour prix d'un revenu annuel de plus de quinze millions versé par la garance dans le département de Vaucluse, après tant d'infortunes, quels honneurs a reçu la mémoire d'Althen? — Une plaque de marbre, placée en 1821, dans l'ancien local du Musée, et cette inscription:

A Jean ALTHEN,

PERSAN,

INTRODUCTEUR ET PREMIER CULTIVATEUR DE LA GARANCE

DANS LE TERRITOIRE D'AVIGNON,

SOUS LES AUSPICES DE M. LE MARQUIS DE CAUMONT,

EN MDCCLXV;

LE CONSEIL GÉNÉRAL DU DÉPARTEMENT DE VAUCLUSE

MDCCCXXI.

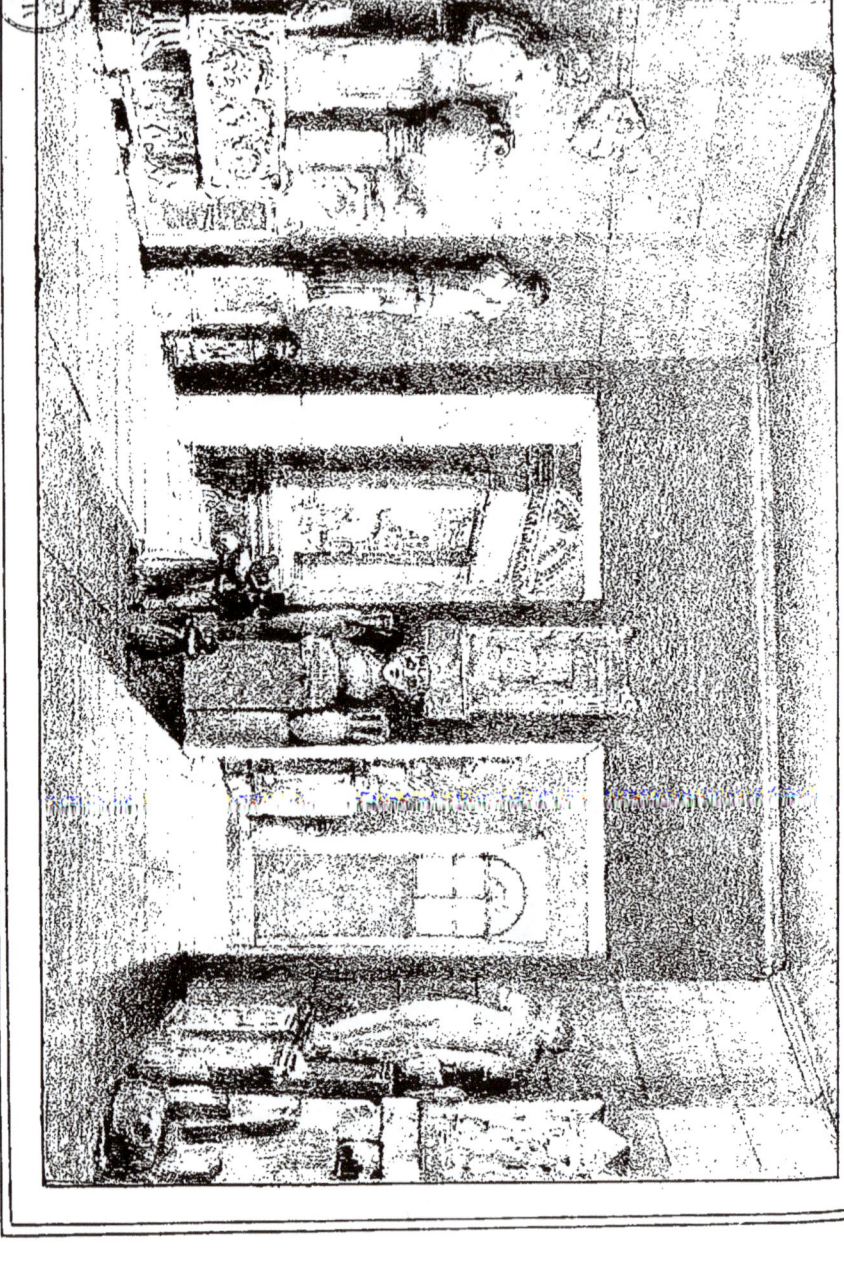

Salle des Antiques au Muséum.

Chantron

Lith. Magay Avignon

MUSÉE CALVET.

Avant sa réunion à la France, Avignon n'avait point de bibliothèque publique, ni de galerie de tableaux, rien de ce qui constitue un Musée. Sous ce rapport, la résidence des vice-légats, le siége du gouvernement, avait droit de porter envie à la ville de Carpentras, si richement dotée par un de ses plus illustres enfants, par l'évêque Malachie d'Inguimbert, dont le nom est toujours prononcé avec une respectueuse reconnaissance dans un pays où il sut se perpétuer par ses bienfaits.

En revanche, les maisons religieuses établies à Avignon possédaient de riches et précieuses collections de livres et de manuscrits; quant aux tableaux, les églises et les chapelles rivalisaient avec l'Italie et l'Espagne; plusieurs familles opulentes s'étaient aussi formé des galeries remarquables. Avec cette division, ou pour mieux dire cette profusion de richesses artistiques, le besoin d'un centre commun se faisait moins sentir. Effectivement, les savants et les artistes trouvaient à satisfaire amplement leur passion à Saint-Martial, à Saint-Jean, et dans vingt établissements de ce genre, sans parler des hôtels de la noblesse où les premiers maîtres étaient représentés.

Il faudrait un volume entier pour dénombrer tout ce que notre pays a perdu à l'époque de la Révolution: pendant près de vingt années successives, les marchands de tableaux et d'objets d'art ont pu faire à Avignon des opérations excellentes. Une madone de Raphaël est sortie de notre ville au prix de trente-six francs! qu'on juge par ce seul fait.

Dès que l'ordre commença de renaître, l'administration supérieure et municipale s'occupa du soin de réunir les débris des bibliothèques des anciens monastères, ainsi que les tableaux religieux, considérés comme biens nationaux, et qui avaient échappé aux années de dilapidation et de destruction.

M. l'abbé Meynet fut, par ordre de date, le premier conservateur de cette bibliothèque naissante où abondaient surtout les ouvrages de théologie. Quelques acquisitions faites sur les fonds du budget municipal, et des dons du gouvernement augmentèrent un peu nos collections. Néanmoins, c'était quelque chose de bien pauvre et de bien borné que cet amas bizarre de poudreux in-folio, qui remplissaient trois ou quatre salles de l'ancien couvent des Bénédictins, à Saint-Martial.

Dans ces mêmes salles avaient lieu les séances de l'Athénée de Vaucluse, et je me souviens d'avoir vu, dans mon enfance, avec une respectueuse émotion, le tapis vert qui recouvrait le bureau de l'Athénée. Sur ce tapis, était brodée en lettres jaunes, la devise de la société, dont la triple spécialité embrassait les muses, les arts et l'agriculture : *Musis, Artibus, Arvis*.

Auprès de la Bibliothèque, dans l'ancienne église de Saint-Martial, se trouvait la collection de tableaux. A l'époque de la Restauration, de nombreuses restitutions de tableaux furent faites aux diverses églises; quelques chapelles et confréries en reçurent à titre de prêt. C'était justice; d'ailleurs l'humidité rongeait les toiles et les cadres dans le vaisseau de Saint-Martial; et d'un autre côté, la munificence d'un citoyen avait mis Avignon en état de rivaliser avec les villes de premier ordre.

Ce généreux citoyen voulut vainement se dérober à la reconnaissance publique, à l'estime de la postérité; vainement, il s'enveloppa du voile de l'anonyme, et défendit de jamais trahir son secret. En manquant aux prescriptions du docteur Calvet, Avignon a rempli un devoir sacré.

Docteur en médecine, distingué par des connaissances variées et profondes, M. Calvet cultivait en même temps avec succès la numismatique et l'archéologie; il possédait les langues anciennes, et n'était étranger à aucune science; les arts du dessin avaient même occupé ses loisirs. Sa bibliothèque, formée avec un goût judicieux, s'élevait à environ quatre mille volumes; il avait recueilli des médailles, des figurines en bronze, une foule de monuments antiques. Toute l'influence que lui donnaient sa position sociale, son mérite et sa fortune, il l'avait employée à augmenter, à compléter ses collections, qui jouissaient, de son vivant, d'une renommée européenne.

A sa mort, en 1810, il laissa toutes ses collections à la ville d'Avignon, et affecta toute sa fortune à l'entretien, à l'agrandissement du Musée qui allait s'établir. Féconde était la pensée qui le dirigeait; on en peut juger par l'effet immédiat de ses généreuses fondations.

Sa fortune, indépendamment de ses livres et de son cabinet de médailles et d'objets d'art, s'élevait à plus de deux cent mille francs en immeubles ou en capitaux. Mais le revenu n'en est pas exclusivement consacré au Musée.

Par son testament, le docteur Calvet a fondé des institutions qui méritent d'être signalées : d'abord, une pension viagère de 60 fr. par mois à la personne (homme ou femme) la plus âgée d'Avignon, y résidant, professant la religion catholique, et née à Avignon de père et mère catholiques.

Une pension de 200 fr. par an, à servir pendant six ans au cultivateur le plus chargé d'enfants, établi à Avignon ou sur le territoire.

Une somme de cent francs, en prix biennal, au meilleur dessin sur un sujet indiqué par MM. les Administrateurs du Musée.

Ce prix biennal a déjà porté ses fruits. Les jeunes gens qui l'obtiennent peuvent ainsi montrer à leur famille que la carrière des arts n'est pas stérile. Il y a là le germe d'une vocation.

Par une clause de son testament, le docteur défendait de réunir ses livres et ses collections d'objets d'art avec la bibliothèque de la ville ; pendant plusieurs années cette condition a été strictement maintenue. Le Musée Calvet a eu son local spécial et indépendant. Mais les bâtiments du Musée, ainsi que ceux de Saint-Martial, tombant en ruines à la suite de la terrible inondation de 1827, un double déménagement a amené une fusion. Il est vrai que, par une attention pleine de délicatesse, par une déférence qui constitue un touchant hommage, la ville d'Avignon s'est effacée devant le bienfaiteur.

Toutes les collections portent le nom du docteur Calvet ; tout semble provenir de son Musée.

Au sortir de Saint-Martial, le Musée campa dans une maison de plâtre et de briques, derrière l'Hôtel de Ville. Cette situation précaire a eu un terme, et la Ville a donné une magnifique hospitalité aux dons du docteur Calvet ; elle a acheté dans ce but un hôtel qui peut passer pour un palais avec ses toits en terrasse, son élégante façade méridionale, son beau jardin, la régularité de son architecture, et la teinte feuille-morte qu'en ont revêtue les pierres.

Cet hôtel, quoique vaste, est déjà trop étroit pour renfermer livres, manuscrits, médailles, monuments, statues, inscriptions, gravures ; que sera-ce, dans cent ans, avec les acquisitions annuelles que permettent les revenus laissés par le docteur Calvet et les subventions accordées par le département ? Il est facile de prévoir le jour où toutes les maisons voisines seront englobées dans le Musée.

En attendant, on peut, sans beaucoup de frais, utiliser les bâtiments qui bordent la cour en entrant à gauche ; il suffirait de les exhausser au niveau du vestibule, et l'on y déposerait les collections d'Histoire naturelle qui sont, pour ainsi dire, reléguées à Saint-Martial.

Une grande et belle cour, qui attend une porte en fer, conduit au vestibule où sont exposés d'un côté quelques monuments de l'art au moyen-âge, et de l'autre des amphores et des inscriptions antiques. Avant de quitter ce vestibule, je signalerai le bas-relief, représentant la mort de Caton d'Utique, ouvrage de M. Brian aîné, et qui n'obtint au concours que le second grand prix, quoiqu'il méritât le premier ; erreur à demi-réparée plus tard par ceux mêmes qui l'avaient commise. Ce bas-relief est placé au-dessus d'une porte ; le jour ne lui est pas favorable, mais la beauté de l'ensemble et des détails se fait sentir à tous ceux qui portent une âme accessible au sentiment du beau.

A gauche, se trouve la salle des antiques, où tout est disposé avec un goût exquis ; où l'on a tiré un parti merveilleux de l'irrégularité du local ; d'abord, les monuments grecs et romains, ces derniers provenant presque tous de fouilles opérées dans le département de Vaucluse ; puis, vient une galerie étroite consacrée aux souvenirs du moyen-âge, et éclairée par des vitraux gothiques ; enfin, sur la cour, les monuments égyptiens.

En face, la Bibliothèque qui occupe plusieurs salles, prenant jour sur le jardin. La division des matières est logique et rationnelle. Dans la première salle, la *Théologie* ; dans la seconde, la *Jurisprudence* ; dans la troisième, les *Sciences et Arts* ; dans la quatrième, les *Belles-Lettres* ; dans la cinquième, l'*Histoire*. Les corridors et cabinets latéraux sont remplis de livres doubles et d'ouvrages que l'on n'a pu classer dans une de ces grandes divisions.

La Bibliothèque est ouverte, plusieurs jours de la semaine, aux hommes de recherches et de laborieuses investigations; même une clause du testament du docteur Calvet enjoint aux conservateurs de délivrer du papier et de fournir des plumes et de l'encre à toutes les personnes qui en useront *avec discrétion.*

Au premier étage se trouvent la galerie de tableaux, les gravures, les figurines, lampes, statuettes, momies; les manuscrits au nombre de 750, et les médailles qui s'élèvent au chiffre énorme d'environ 15,000, ainsi réparties : près de 200 en or; consulaires, en argent, 1081; impériales, en argent, 2641, etc. Dans la seconde salle au nord, on a placé les ouvrages pittoresques, tels que le beau travail sur l'Egypte; le *Voyage dans l'ancienne France*, de MM. Nodier, Taylor et de Cailleux; le *Musée*, de Robillard; les *Monuments de l'Hindostan;* la *Henriade* avec portraits; la *Galerie* de Florence et du palais Pitti; le *Voyage* de Humbold et Bonpland; le *Neptune;* l'*Atlas de Géographie;* l'*Horace*, de Didot, etc. etc. Avec les monuments antiques et les médailles, voilà les principales richesses du Musée.

J'ai déjà indiqué la date de la fondation de la galerie de tableaux. Elle fut inaugurée en 1826, sous les auspices de MM. Carle et Horace Vernet; depuis lors, des dons du gouvernement et des particuliers, ainsi que de fréquentes acquisitions, ont agrandi le cercle de nos trésors artistiques. Presque toutes les Ecoles se trouvent dignement représentées, et cela par les maîtres les plus célèbres.

Une salle immense, qui court sur toute la longueur de la façade méridionale, a été parfaitement disposée pour les tableaux; le jour tombe d'en haut, système si favorable à la peinture. Chaque jour amène de nouvelles améliorations; ainsi va être créée une galerie Vauclusienne; déjà sont rassemblés les portraits de plusieurs hommes illustres de notre département; sous peu, grâce au zèle des administrateurs du Musée et au concours des familles, cette pieuse idée aura reçu une entière exécution. Dans ce cercle élastique, car le présent et l'avenir ne démériteront point du passé, se trouvera sans doute Jean Althen, ce Persan à qui la reconnaissance vauclusienne a décerné mieux que des lettres de naturalisation.

Tel qu'il est, le Musée Calvet est un des plus remarquables de France; notre ville peut en être fière à bon droit. Que sera-ce dans un siècle?

Revue Générale.

Au moment de déposer la plume, et de terminer ce livre, j'éprouve les mêmes regrets que l'exilé, forcé d'abandonner son pays natal, de lui adresser un long, un dernier adieu. Alors se révèlent toutes les harmonies, tous les enchantements de son berceau ; les sites, les monuments qu'il contemplait naguère avec indifférence,

ESCALIER DE Ste ANNE.

ont maintenant revêtu un charme irrésistible. Il voudrait tout voir, tout toucher, tout couvrir de ses larmes et de ses baisers. Autour de lui s'animent hommes et choses, institutions et souvenirs.

Voilà ce qui m'arrive. Je voudrais pouvoir recommencer ma course à travers nos monuments et nos mœurs; je voudrais que les pages de ce volume se multipliassent sous ma main; je voudrais que le cercle dans lequel je me suis circonscrit devînt élastique. En effet, que de choses que j'ai à peine effleurées! que d'oublis à réparer! combien de descriptions qui me restent à tracer!

Ici, l'ancien *Hôtel des monnaies* avec son imposante façade, son style sévère, que l'on a attribué à Michel-Ange, sans compromettre l'autorité de ce grand nom, mais qui date d'une époque plus rapprochée: car il fut construit sous le pontificat de Paul V.

Sous le même pontificat, en 1609, fut institué le Mont-de-Piété, admirable établissement qui, depuis sa fondation jusqu'à l'époque de la révolution, prêta annuellement des sommes considérables sans aucun intérêt, sans aucuns frais. Dans les jours de deuil de la Terreur, cette charitable institution perdit toutes ses ressources; mais aussitôt que l'ordre fut rétabli, des hommes de bien renouèrent la chaîne des temps; le Mont-de-Piété se releva de ses ruines. Grâce à leurs efforts, aux dons des âmes pieuses, au revenu que produit la condition des soies, le taux de l'intérêt a été fixé à quatre pour cent ; et l'ardente charité des administrateurs espère encore l'abaisser.

Du Mont-de-Piété où le pauvre trouve des secours d'argent, à l'*Hôtel-Dieu* où la science guérit ses maux, la transition est naturelle. Notre Hôtel-Dieu développe sa magnifique façade, auprès des Grands-Jardins, dans la plus heureuse situation ; il fut fondé en 1353, par Bernard de Rascas, et placé sous l'invocation de Sainte-Marthe. Le fondateur employa à cet important établissement une somme de dix mille florins d'or, et il y joignit ensuite un couvent de *Trinitaires*, chargés du soin de desservir l'hôpital. Depuis le quatorzième siècle, presque chaque année a été signalée par des dons, des legs et des améliorations qui ont mis cette maison du pauvre en rapport avec les progrès de la civilisation. Les plus hautes traditions de la science s'y sont perpétuées dans une progression constante, et les religieuses de la règle de Saint-Augustin y exercent, depuis 1671, leur ministère de dévouement et de charité.

Les administrateurs de l'Hôtel-Dieu étendent leurs soins et leur zèle éclairé à l'*Hospice des Enfants trouvés*, où l'on donne également un asile à la vieillesse indigente. Cette maison est désignée par le peuple sous le nom de l'*Aumône*, admirable expression dans sa naïveté que le peuple sait seul trouver.

La fondation de l'Aumône remonte à l'année 1541 ; plus tard, Benoît XIV lui alloua un revenu de dix mille livres ; une inscription latine atteste ce bienfait. C'est alors que cette institution subit des modifications importantes.

L'Hospice des Insensés, connu sous le nom de Maison royale de Santé, est d'une date plus récente ; c'est en 1681 que le vice-légat Nicolini ordonna d'enfermer les personnes atteintes de démence, dont la liberté pourrait être funeste à leurs concitoyens. Les Pénitents de la Miséricorde reçurent la mission de veiller sur ces infortunés. Enfin en 1726, on jeta les premiers fondements des bâtiments où sont renfermés aujourd'hui les aliénés ; et des cures nombreuses ont acquis à cette maison une haute renommée. A l'Hospice tient la belle *Chapelle de la Miséricorde,* si remarquable par ses tableaux et surtout par le Christ d'ivoire. Le luxe de décorations, la profusion de dorures, réveillent le souvenir de la Chapelle du château de Versailles. Ce rapprochement dit tout.

Il me resterait encore à parler de plusieurs monuments non moins dignes d'attention. En première ligne, je placerai l'église de Saint-Pierre, avec sa façade ogivale, coquettement ornée, où la pierre a été fouillée avec amour, où elle a été travaillée comme de la dentelle. A droite, à gauche, s'élèvent deux clochetons ; au milieu, une croix en ogive, dans laquelle sont pratiquées deux portes. Les fenêtres ne sont pas égales, et sans doute cette différence avait un motif dans la pensée créatrice de l'artiste qui dirigea ce charmant édifice, qui dont le style se rapporte à l'époque tertiaire de l'architecture ogivale.

Les portes sont décorées de bas-reliefs ciselés avec une délicatesse remarquable ; quant à l'intérieur, il ne répond pas au luxe, à l'élégance de la façade : les colonnes, qui de distance en distance, règnent le long de la nef et du chœur, sont d'assez mauvais goût : car la colonne est faite pour porter et non pour être portée. La chaire de cette église est le résultat d'un vœu, comme l'indiquent les quatre vers suivants qui y sont gravés :

> Afin que mieux cest chaire cy
> A Dieu du ciel li soit plaisante,
> Jacques Malhe luy cri mercy,
> Et de bon coeur la luy présente.

L'Eglise de Saint-Agricol appartient à une époque plus reculée, comme l'indique le caractère de la façade qui est d'une simplicité majestueuse et qui touche aux beaux jours de l'art, alors que la profusion d'ornements n'avait pas encore altéré l'architecture ; alors qu'une église n'était qu'une manifestation de croyance et de foi.

L'intérieur de ce beau vaisseau a été récemment badigeonné ; et c'est un acte de vandalisme qu'il est inutile de qualifier.

FONTAINE DE VAUCLUSE.

Le cloître du couvent des Dominicains, le clocher de l'Hôtel de Ville, autrefois le palais de la famille Colonne, l'escalier de Sainte-Anne, les promenades autour de la ville, les bords de la Durance, le quartier de Montfavet, Vaucluse enfin, Vaucluse aux poétiques et tendres souvenirs; que de tableaux qui attendent un peintre! tableaux entourés d'un cadre plein de charmes, par les légendes et les traditions d'une ville où respire encore le génie de Pétrarque, où les femmes ont les grâces et la pudeur de cette Laure tant aimée, qui, sur le sol étranger, rendit à l'exilé les enchantements de la terre natale.

FIN.

TABLE

DES MATIÈRES

Contenues dans cet Ouvrage.

Introduction.	page v
Avignon.	1
Pont de Saint-Benézet.	14
Tombeau de Laure.	26
Les Fêtes de Noël (Mœurs avignonnaises).	45
La Madone de la Sorgue (Tradition populaire).	50
Le Vice-Légat d'Avignon.	55
Le Jeudi-Saint à Avignon.	59
Panorama intérieur (Les Grands-Jardins et les Prairies de l'Hôtel-Dieu).	63
Une Soirée à Avignon.	68

D'une Ecole des Beaux-Arts à Avignon.	71
Le Christ de la Chapelle de la Miséricorde à Avignon.	89
La Marquise de Sénas (Tradition avignonnaise).	93
La Fête de Saint-Joseph à Avignon.	98
La Vengeance du Légat (Tradition populaire).	102
Le Rocher-des-Doms.	110
Conquête d'Avignon et du Comtat-Venaissin par le roi de France (Souvenirs historiques, 1768-1774).	118
Les Incrédules (Physionomies avignonnaises).	122
Les quatre Henri à Avignon (1574).	126
Des Cimetières d'Avignon.	129
Le roi René et le Tableau du Couvent des Célestins à Avignon.	133
Les Processions de la Fête-Dieu (Mœurs avignonnaises).	136
Marie (Nouvelle avignonnaise).	142
Les Grandes Compagnies sous les murs d'Avignon (Scènes historiques, 1366).	146

TABLE DES MATIÈRES.

Les Remparts d'Avignon.	150
Notre-Dame-des-Doms.	158
Des Jouteurs et des Lutteurs avignonnais.	171
Le Cloître de Saint-Martial.	177
La Confession du Meurtrier (Avignon, 1311. — Souvenirs historiques).	180
Du sort des Femmes à Avignon.	184
L'Enlèvement (Tableau de mœurs).	188
De l'Education publique à Avignon.	199
Culte des Souvenirs (Le Brave Crillon).	204
Louis XIV à Avignon (Souvenirs historiques, 19 mars 1660).	216
Hôtel des Invalides à Avignon.	221
Du Patois d'Avignon.	225
Une Matinée de Joseph Vernet.	234
La Bise.	243
Les Coureurs de Testaments (Esquisses de mœurs).	246
Le Quartier de la Juiverie (Esquisses avignonnaises).	250
Le Tombeau du Cardinal de La Grange.	254
La Peste à Avignon (1348).	260

Jeanne de Naples.	264
Bureau de Bienfaisance.	270
Le Roulier (Esquisses avignonnaises).	276
Le Far-niente.	280
Mahon et le Duc de Crillon.	285
Jean Althen et la Garance.	294
Musée Calvet.	299
Revue Générale.	308

FIN DE LA TABLE.

Note pour le Relieur.

PLACE DE CHAQUE PLANCHE.

Carte du département de Vaucluse, au commencement du livre.

Vue d'Avignon.	page 3
Pont de Saint-Benézet.	17
Palais des Papes.	69
Croix de Montaux.	80
Tour de Villeneuve.	115
Tombeau de Jean XXII.	169
Portrait du Brave Crillon.	209
Salle des Antiques au Musée.	299
Escalier de Sainte-Anne.	309
Fontaine de Vaucluse.	312

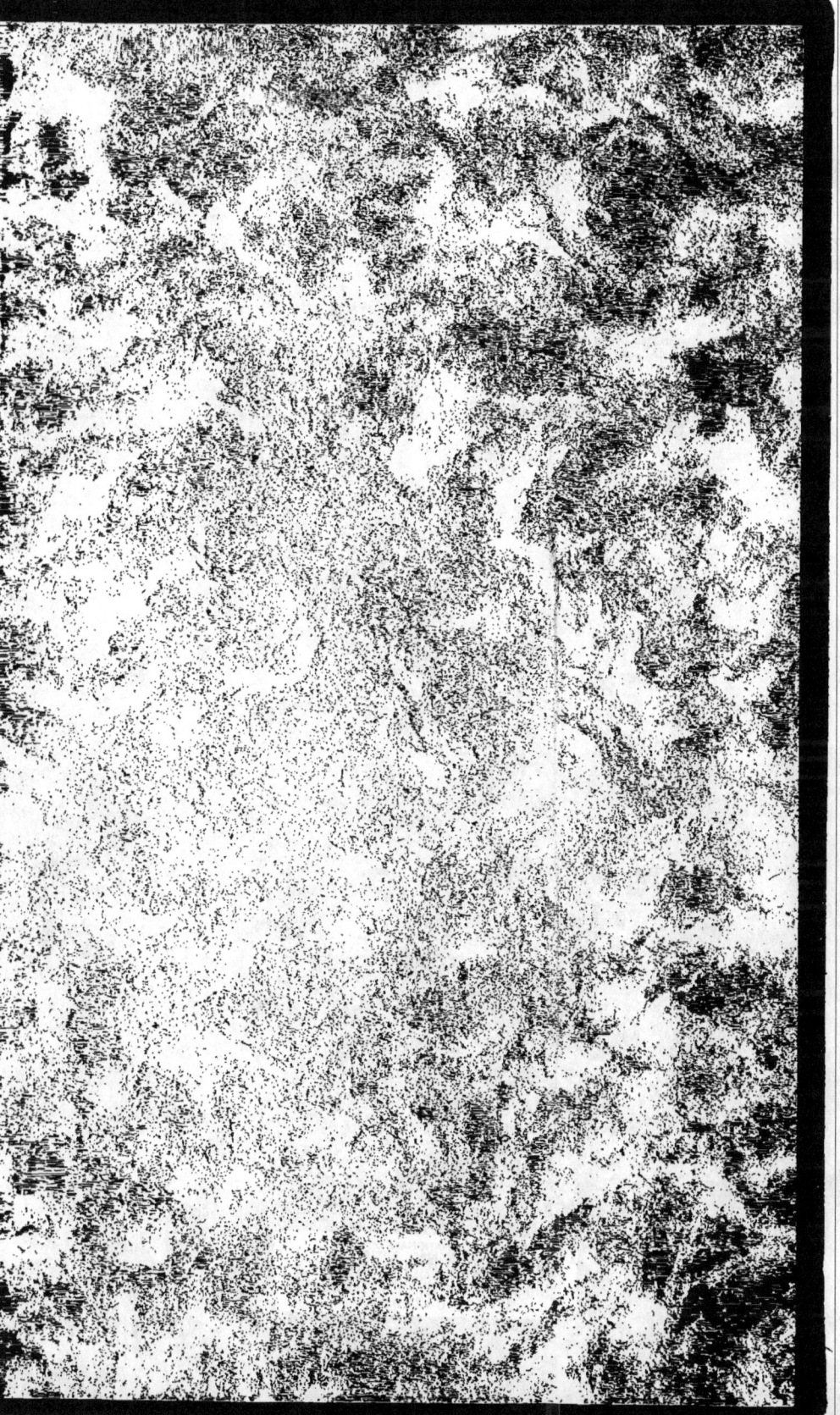

www.ingramcontent.com/pod-product-compliance
Lightning Source LLC
Chambersburg PA
CBHW070454170426
43201CB00010B/1342